JN057094

# 道元とシュタイナー（II）

塚田幸三

千書房

# まえがき

道元は宋での修行を終えて帰国するとき、師・如浄《にょじょう》から「国に帰って教化され（教化につとめ）、広く衆生を利益しなさい。決して、みやこや都市に住むことなく、また国王・大臣に近づくことのないように。ただ深山や奥深い谷に居住し、少数の人を接得して、決してわが宗の命脈を断絶させてはいけない」（石龍木童訳註『現代語訳　建撕記図絵』による）と教誡されたと言われています。この教えを道元は生涯片時も忘れることはなかったでしょう。

他方、シュタイナーは第一次世界大戦を契機に社会問題に本格的に取り組むようになりました。シュタイナーが社会問題の核心と見たのは統一国家という信仰、つまり政治（法律）・精神（文化）・経済という社会を形成する三つの領域を国家の下に統一しようとする考え方です。それは社会と国家の混同であり、それらの三領域は国家の下では互いに矛盾を来さざるを得ないのであって、その矛盾を克服するには国家よりも高次の統一概念に至らなければならない、というのです。

道元もシュタイナーもいわゆる地上天国の建設を目指したわけではありません。地上天国はすでに実現している、というのが二人の立場です。

もっとも地上天国という言葉には矛盾があります。地上は天国ではないからこそ地上なのであって、それが天国になればもはや地上ではなくなってしまいます。泥水が真水になれば、もはや泥水ではありません。

しかし、私たちは現に泥水のような地上に生まれ、ときには溺れそうになりながら、苦しみに満ちた人生を過ごしています。

釈尊が釈尊となって最初に説いたとされる仏教の根本教説・四諦――苦諦（人生は苦であるという真理）・集諦（苦の原因に関する真理）・滅諦（苦を滅した悟りに関する真理）・道諦（悟りに至る修行方法に関する真理）――に照らしても、その第一の苦諦が解消されてしまったら仏教は成り立たないでしょう。

地上と天国を結ぶ一つの仕組みが輪廻です。道元もシュタイナーも輪廻を、つまり地上生活を、価値あるものとして肯定的・積極的にとらえています。

また、仏道ないし宗教は知的営為ではない、という点でも道元とシュタイナーの認識は一致しています。重要なのは、難解な教義や堅牢な教団組織や壮麗な建物などではなく、いわゆる生きた信仰だというのです。「他力宗の生命は実にいかめしい学匠達や堂堂たる建築の中に在るのではなくして、実は市井の人、無学文盲ともいわれ得る…人達の中に在ることを知った」（鈴木大拙『妙好人』）という言葉も思い起こされます。

実は、それこそが「仏道をならうというは自己をならうなり」という道元の自己の立場の生命だと思われます。シュタイナーはさらに、今日求められているのは一人ひとりが従来のような師弟関係を結ぶことなく独自に歩むことのできる修行の道、誰でもまたひとりでも日常生活を営みながら取り組むことのできる行法だとして、西洋で秘儀とされてきた伝統的行法を著作や講演を通じて広く一般に公開しました。道元も和文による大部の『正法眼蔵』を撰述し、そのお蔭で現代の私たちもその教えに直に触れることができます。

本書はそのような言わば今日的な自己の立場に立って、シュタイナーを通して道元に対する理解を深め、またそうすることで併せてシュタイナーに対する理解も深めようとするささやかな試みです。

それぞれの章は元々独立した考察であり、ご関心に応じてどこから読んでいただいても問題ないと思います。ご笑覧いただければ幸いです。

なお、引用文の中にいわゆる差別用語が使われている場合もありますが、文献からの引用ですのでそのままにしてあります。ご了解をお願いします。

# 目次

# 第一章　揺り起こされた宗教心と道元禅

## ――シュタイナーの視点から

『すべてはひとつの命』(1)と題する本に出会いました。本当の安らぎを求めた青年が、哲学には糸口が見出せず、心理学や仏教にも満足できず、長い世界放浪の旅に出て、ようやく手にした真理、それが「すべてはひとつの命」でした。二〇一一年の東日本大震災によって、多くの人が生き方や考え方の変更を迫られているのを見て、出版を決意したとのことです。

「すべてはひとつの命」という認識は、シュタイナーに従えば、通常の宗教の立場を超えています。なぜなら、一般に宗教が対象としているのは「生きとし生けるもの」であるからです。

シュタイナーは輪廻とカルマ(業)の教えが自らの唱える精神科学(霊学)の出発点だと考えていたのですが、彼が説く輪廻の世界は物質界・魂界・霊界という三界から成り、そのうち人間の宗教心の原像ともいうべきものがあるとされるのは霊界の第二領域です(2)。

この霊界の第二領域では、あらゆる生物に共通する生命の原像が体内を流れる血液のように完全な統一体として存在しており、人間の宗教心はこの血液のような統一体の残照に由来するもので、人間はこの統一体を仰ぎ見ながら祭祀を行ってきた、というのです。

それに対して、「生きとし生けるもの」だけでなく、無生物を含めて「すべてはひとつの命」と悟ったこの著者は、霊界のさらに高次の領域に達したのでしょう。そして、そこに至れば、被災者の深い傷も癒すことができ、希望も見出すことができる、かつて絶望の淵に沈んだことのある著者はそう信じているのだと思います。

大震災の甚大な打撃によって人々の宗教心が再び揺り起こされ、その救いを求める声が著者に聞こえた、と言えるのかもしれません(3)。

しかし、先述のとおり、かつて著者はその救いを哲学や心理学だけでなく、仏教にも見出すことができませんでした。既存の宗教は再び目覚めた私たちの宗教心に十分応えてくれるのでしょうか。

しかも、宗教もいろいろで、仏教といってもさまざまな宗派があり、それぞれに自己の立場の正統性を主張しています。漠たる宗教心を抱えて途方に暮れる人も少なくないのではないでしょうか。

道元もまた自らが伝受した仏教の正統性を主張し、他宗派との違いを論じています。はたして道元は説得力をもって私たちを導いてくれるのでしょうか。

この小論では、道元が宋から帰国して間もなくの三十一歳のときに著した『正法眼蔵』「弁道話」の巻を取り上げてみたいと思います(4)。これは、弟子たちに示すことを意図したものとは異なり、不特定の読者を対象として、道元が如浄禅師から伝受した仏道とは何かを弁明したものです。「一生参学の大事ここにをはりぬ」とあるように、その後の活動の出発点をなす、いわば博士論文のような価値を有するものだと思われます。

## 一 道元の「ひとつの命」

道元は「弁道話」の前段で悟りの境地を述べています。それはまさしく、過去・現在・未来のあらゆる存在を含む「ひとつの命」と呼ぶべき世界です。それは、先の著者の場合と同じように、「生きとし生けるもの」の世界を超えています。少し長くなりますが、現代語訳を語句の説明を交えながら一部引用してみます。

「もし人が、一時《いちじ》（少しの時間）なりとも、身口意（行動・言葉・意志）の三業《さんごう》（はたらき）に仏印《ぶっちん》を標し（本来具わっている仏性を証し）、三昧に端坐するときには、この世界がすべて仏印となり（仏性を現すものとなり）、この虚空はことごとくさとりとなる。ゆえに、諸仏如来においては、本地《ほんじ》（さとり）の法楽《ほうらく》を増し、覚道《かくどう》（さとりの道）の荘厳《しょうごん》（光輝）を新たにする。また、十方世界・三途六道の群類（輪廻する衆生）は、みなともにいっせいに身心明浄《みょうじょう》にして、大解脱地を証し、本来の面目が現れる。そのときには、諸々の存在のすべてが正覚《しょうがく》（無上のさとり）を成就し、万物がともに仏身を使用して、さらにすみやかにさとりの辺際を一飛びに超えて、菩提樹のもとに端坐し、いっせいに無上の大説法を展開し、最上無為の深い智慧を説く。」

「このとき、十方の世界の、土地も草木も、牆壁《しょうへき》（垣や壁）も瓦礫《がりやく》（瓦や小石）も、みな仏事をなすのであるから、そのおこすところの風水の利益に与《あずか》るものはすべて、冥々のうちにも、仏の不思議な教化に助けられ、同じくさとりを現す。」

「わずかに一人一時の坐禅といえども、諸々の存在と冥々のうちに通じ合い、諸々の時ともまどかに通ずるがゆえに、この無限の世界のなかで、過去・現在・未来にわたって変わることのない仏の化導のいとなみをなすのである。」

このような境地は道元独自のものではありません。これはとても重要なことだと思います(5)。

ただし、道元の坐禅には独特のものがあります。

## 二　道元の「坐禅」

「弁道話」後段の問答は全部で十八ありますが、柱の一つは「なぜ坐禅だけを勧めるのか」という問題です。それが最初の問いでもあります。

それに対する道元の答えは、「それは坐禅が仏法の正門《しょうもん》だからである」。では、なぜひとり坐禅だけを正門とするのか（問2）、という問いに対しては、釈尊は得道の妙術として坐禅を正伝し、諸々の如来も、さらにはインドや中国の祖師たちもみな坐禅によって得道したからである、と答えています。

要するに、坐禅を勧めるのは、それが正伝の得道の方法であり、そのことによって仏法の正門をなしているからだというのです。しかし、これでは単に坐禅こそ釈尊以来正伝の仏法の王道であると一方的に主張しているだけであって、客観的な説明にはなっていません。これはある意味では不可解なことです。なぜなら、道元ともあろう人が、このような答え方では説得力がないことに気づかないはずがありませんから。

したがって、道元が、なぜ坐禅だけを勧めるのかという問いを立て、それは坐禅こそ仏法の正門だからである、と答えたことには何か重要な意味があると考えられます。すなわち、釈尊は得道の妙術として坐禅を正伝し、諸々の如来や祖師たちもみな坐禅によって得道したということが、道元の立場のすべてであり、それ以外に説明しようとしてもできないし、またその必要もないということを示すものではないでしょうか。したがって、無理に説明しようとすると、却ってさらに説得力を失うことになりかねません。

これまでの答えでは、当然、読経や念仏も悟りの因縁になるはずである（問3の前半）、という疑問を払拭することはできません。この疑問は、病気や障害で坐禅ができない人はどうすればよいのか、という問題にもかかわってくるでしょう。

また、それまで読経や念仏に馴染んできた人からすれば、どうしてただ空しく坐っているだけで悟りを得る手立てとなるのか（問3の後半）、という疑問も生じます。

道元はこの後半の疑問から答えます。「なすところなく空しく坐しているに過ぎないと思っているのであろうが、それは大乗仏教を謗《そし》るものであって、これこそが諸仏の三昧に遊び無上の仏法に浸《つ》かる姿である。そのように思うのは大海の中にいながら水がないというようなものである。すでにかたじけなくも、諸仏は自受用三昧《じじゅようざんまい》に安坐しておられるのであり、それが広大な功徳をもたらしているのである。あわれにも、眼《まなこ》はいまだ開かず、心は酔ったままなのである。諸仏の境界はおしなべて不可思議なものであり、一般の理解の及ぶところではない。ましてや、不信劣智のものの知り得るところではない。ただ正信の機根に恵まれたものだけが入り得るのであり、不信のものはたとえ教えても受けとることができない。……おしなべて心に正信が起きたら修行し、仏道を学び、そうでなければしばらく止め、法の潤いに与ることのできないこれまでの因縁を恨めしく思うがよい。」

坐禅こそが諸仏の無上の法に浸かる姿である、というところに道元独自の立場が現れています。もちろん、修行は必要ないというのではありません。

機根の劣る不信の者の理解の及ぶところではないが、正しい信心が起きれば、坐禅修行して仏道を学ぶことができ、やがて諸仏の境界に入ることを得て、自受用三昧に安坐することも、その功徳を理解することもできるようになる、というのです。

しかし、道元とは別の方法で悟りを得た人がいるかもしれません。読経や念仏も悟りの因縁になるのではないか（問3の前半）。

この疑問に対して道元は次のように答えます。「読経・念仏等のつとめによって得られる功徳を知っているのか。ただ舌を動かし、声を上げるだけで、それが仏事や功徳をなすと思うとすれば、それは取るに足りない考えである。それらは仏法からははなはだ遠く、はるかに離れたものである。また、経典を読むのは、仏が教えている頓《とん》教漸《ぜん》教の修行の仕方を明らめ知って、教えのとおり修行すれば必ず悟りが得られるという意味であり、いたずらに思慮分別をついやして、悟りを得るための功徳にしようというのではない。おろかにもしきりに口業にいそしみ千万遍も称えることによって仏道に至ろうとするのは、轅《ながえ》を北に向けて南方の越《えつ》に向かおうとするようなものである。……経文を読んでも悟りを得るための修行の道に暗いのであるから、それは医学書を学んだ人が調薬できないようなもので、何の益もない。ひっきりなしに口声《くしょう》するのも、春の田の蛙が昼夜となく鳴くようなもので、これもまた結局のところ益はない。」

要するに、いくら経典を読んでも実際に修行しなければ意味がない、また念仏によっては仏道にいたることはできない、というのが道元の答えです。修行の問題は改めて次の（三）で取り上げますが、念仏に関する部分は誹謗中傷とも言えるもので、とうてい納得が行くものではありません。

問5は、三学（戒・定・慧）の一つとして定学があり、六波羅蜜（布施・持戒・忍辱・精進・静慮（禅）・智慧）の一つとして禅波羅蜜があり、ともにすべての仏道修行者が初心から学び修するところであるのに、いったいどうして坐禅には如来の正法がすべて集約されていると言えるのか。

これに対する答えの結論は、「これは仏道の全道であり」「六波羅蜜や三学の禅定と一緒にすべきものではない」です。

その根拠として道元は二つの点を挙げていますが、その一つは、次のような、現代人には奇異に感じられるものです。「この仏法が正統な相伝であることはまったくかくれもないことである。如来がむかし、霊鷲山《りょうじゅせん》上の集会の席で、正法眼蔵涅槃妙心という無上の大法を、ただひとり迦葉《かしょう》尊者にのみ付与されたときの儀式は、天上界に現在する天衆の中にも、目の当たりに見たものもあるのであって、疑うべきではない。おおよそ仏法は天衆が永久に護持するものであり、その功《いさお》はいまだに古くなっていないのである。」

道元は、今度は、天上界のことを引き合いに出して、坐禅の正統性を、再びかくれもない事実として語っています。道元がこのような、古くからのいわば非近代的な世界観をもっていたことは注目に値する、また軽視できない事実だと思われます(6)。

もう一つの根拠は大略次のとおりです。この法は如来出世の眼目たる無上の大法であるのに、それを禅宗などと名づけるから、そのような疑問が起こるのである。禅宗という名は中国以東に見られるもので、達磨大師を始めとする代々の祖師方がみな常に坐禅を専一に修したことから、それを見たおろかな俗人たちが坐禅宗と呼び、それが現在では坐の語をはぶいて禅宗というのである。

続けて問6は、仏教では行・住・坐・臥の四儀をたてるのに、いったいどうして坐に関してのみ禅定を勧め、悟りを語るのか。これに対する答えは――ある祖師が「坐禅はすなわち安楽の法門なり」と讃えたように、四儀の中でもっとも安楽だからであろうか。いずれにしても、これは一仏や二仏の修行の道であったのではなく、諸々の仏祖はみなこの道によられたのである。

このように、道元は、どうして坐禅だけを勧めるのかという問に対して、根拠となる経典を示したりするのではなく、単にそれが事実として祖師方の道であったからだと答えています。これこそ、仏祖単伝《ぶっそたんでん》・教外別伝《きょうげべつでん》という道元の立場を如実に示すものと言えるでしょう。

問12は、坐禅と並行して真言や止観の行を修しても妨げにならないであろうか。これに対する答えは――中国にあったとき、老師に坐禅の奥義をお聞きした折、インドや中国においてそのような行を兼ね修したもののことは未だ聞いたことがないとの仰せであり、まことに、一事をもっぱらにしなくては一智に達することはできないのである。

続けて問17は、インドや中国の古今のことを聞くと、あるいは竹の声を聞いて道を悟り、あるいは花の色を見て心がわかったものもある。まして釈尊は明星を見たときに道を成じ、阿難《あなん》尊者は門前の旗竿が倒れたときに法を悟ったという。それのみならず、六祖よりのち五家にいたるまで一言半句によって悟ったものが多い。彼らはかつて坐禅修行した者に限らないのではないか。これに対する答えは——見色明心（色を見て心を明らめる）したり、聞声悟道（声を聞いて悟りを得る）したりした人もみな迷うことなく坐禅修行に励んだことを知るがよい。

以上、なぜ坐禅だけを勧めるのか、という問いに対する道元の答えをざっと見てきましたが、必ずしも説得力のあるものとは言えないでしょう。その本質的な理由は、単伝の教外別伝の仏法というその根本的な特徴にあると考えられます。なぜなら、それはそもそも言葉を超えた事実を示そうとするものであるからです。

しかし、そのことは坐禅修行に限らず行の宗教や仏法には多かれ少なかれ共通して言えることです。

次節では、教・行・証という仏教の基本的体系に当てはめることによって、道元の行の仏法の特徴をもう少し明らかにしてみたいと思います。

## 三　道元の「行」

問4では、天台宗と華厳宗と真言宗を取り上げています。それらが説く即身是仏や是心作仏の教えは、長く輪廻を重ねながら修行を積むことをしなくても、この生で悟りを開くことができるとする、仏法の妙の極みともいうべきものであるのに、それらの教えを差し置いてひとえに坐禅修行を勧める理由はどこにあるのか。

これに対する答えは、「仏家は、教の優劣を論ずることなく、法の深浅をえらばず、ただ修行の真偽だけを知るべきである」というものです。

この答えを教・行・証という体系に当てはめてみると、まず教については、「教の優劣を論ずることなく」とあります。これは「即心即仏などという言葉もいわば水の中の月であり、即坐成仏ということもまた鏡の中の影にすぎない。言葉の技巧にかかわるべきではない」という意味です。

言葉による教えは水や鏡に映った月でありさまざまな影にすぎないというのは、「直証菩提《じきしょうぼだい》」ではない、つまり直接端的に菩提（さとり）を証するものではない、という意味です。

それに対して、道元が直証菩提の坐禅修行を勧めるのは、「仏祖単伝の妙道を示して、真実の道人にならしめよう」としてのことです。

「法の深浅をえらばず」は、「開悟」はなくてはならないけれども、しかし証つまり悟りの深い浅いは問わない、ということになると考えられます(7)。

したがって、直証菩提の仏法を伝受するには、「かならず証《さとり》を得た人を師とすべし。文字面にかかわる学者を導師としてはならない。それでは盲人が盲人を案内するようなものである。」

それなら悟りを得た人は誰かというと、問8と9に答えて道元は、中国に渡って仏教を招来した諸師が坐禅を伝えなかったのはまだ時期がいたらなかったからであり、彼らはまだこの坐禅の法を会得できなかったからである、つまりこれは道元が初めて伝えた法だと述べています。強い自信が窺えます。

いずれにしても、道元が教も証も重視しない行の立場に立つことが改めて確認できたと思います(8)。教を重視しないのは教外別伝の立場であり、証を重視しないのは修証一等の立場です。

問7は、すでに仏の正法を明らめた人にはもはや坐禅は必要ないのではないか。これに対する道元の答えは――「仏教においては修証一等である。すでに証上の修であるから、初心の学道がそのままもとからの証のすべてである。それゆえ、修行の用心を授けるのにも、修のほかに証を期待してはならないと教えるのである。……すでに修の証であるから証には終わりがなく、証の修であるから修には初めがない。」

問16は、ある者がいうには、即心是仏の意味が理解できたような者は、口に経典を誦《とな》えなくても、また身に仏道を行じなくても、なお仏法において欠けるところはない。仏法はもともと自己にあったのだと知れば、それですべて悟り得たのであり、もう他人に求めるべきことはない、と。ましてやわざわざ坐禅修行をする必要などあるのであろうか。

これに対して道元は次のように答えます。仏法はまさしく自他という見方を捨てて学ぶのである(9)。もし単に自己即仏と知ることをもって道を得たとするなら、そのむかし釈尊がわざわざ教化伝道の労をとられるはずはない。善知識にまみえてからは、修行の作法をよくお聞きして、まっしぐらに坐禅修行し、一知半解のことを心にとどめるべきではない。坐禅という仏法の妙術は決して空しいものではないのである。

道元は「弁道話」の巻の冒頭で、「この法は、人々それぞれに豊かに備わっているとはいえ、修しなければ現れず、証しなければ得られない」とも述べています。

これまで見てきたとおり、道元の仏法は行(坐禅)を中心に成り立っている、あるいは行そのものであると言えるかもしれません。しかし、その行を支えているのが信です。

## 四　道元の「信」

どうしてただ空しく坐っているだけで悟りを得る手立てとなるのかという問3の後半に対する道元の答えの一部を再び引用しますと――「諸仏の境界はおしなべて不可思議なものであり、一般の理解の及ぶところではない。ましてや、不信劣智のものの知り得るところではない。ただ正信の機根に恵まれたものだけが入り得るのであり、不信のものはたとえ教えても受けとることができない。……おしなべて心に正信が起きたら修行し、仏道を学び、そうでなければしばらく止め、法の潤いに与《あずか》ることのできないこれまでの因縁を恨めしく思うがよい。」

道元の答えの核心は正信にあると思います。しかし、正信が起きなければどうしたらよいかというと、一時中断して、因縁が熟して正信が起きるまで待つがよい、というのですから、取り付く島もありません。坐禅に対する正信が起きなければ修行のしようがないのですから。しかも、それが過去の因縁によるとすれば、まさに恨むほかありません。

いま「法の潤いに与ることのできないこれまでの因縁を恨めしく思うがよい」と訳した部分の原文は「むかしより法のうるほひなきことをうらみよ」です。この「むかしより」という言葉の背景には道元の輪廻・因果観があると思われますが(10)、いずれにしても正信を得る方法は明らかではありません。

そこで、現世において正信を得る糸口を探してみますと、親鸞が『教行信証』信巻で引用している次のような『涅槃経』の一節が思い当たります(11)。「また信には二種がある。一つには、ただきとりへの道があるとだけ信じるのであり、二つには、その道によってさとりを得た人がいると信じるのである。ただきとりへの道があるとだけ信じて、さとりを得た人がいることを信じないのは、完全な信ではない。」(12)

つまり、道元のいう正信が得られるかどうかは、坐禅修行によって悟りを得た人がいると信じられるかどうか、あるいはもっと端的に、道元が悟りを得ていると信じられるかどうかによると言えるでしょう。それが信じられるなら、道元の言葉に従って坐禅修行することができます。

しかし、信じるにしても信じないにしても、その判断が正しいかどうかが問題になります。道元の正信は、正しい信仰ではなく、正しい知識ないし認識を意味していると考えられます。

その人が悟りを得ているかどうか、正しく知ることができるでしょうか。できる、というのがシュタイナーの答えです。人間には真理を認識する能力が本来備わっているというのです(13)。

これはいわば本覚の立場であり、道元が説く修証一等あるいは証上の修の立場に等しいと思われます(14)。

## 五　道元の「希望」(まとめとして)

東日本大震災という出来事には、それによって私たちの宗教心が再び揺り起こされたという一面があると思われます。そうであるなら、その宗教心がよき導きを得てその課題を果たすことがいま求められていると言えるのではないでしょうか。

それでは、既存の宗教はそれに応えることができるのか。宗教の本質が「ひとつの命」を悟ることにあるとすれば、仏教においても諸宗派に分かれるのは、そのための方法の違いによるのか。それぞれの宗派が自らの正統性を主張するなかで、私たちはどうすればよいのか。はたして道元の教えの場合はどうなのか。この小論はこのような問題意識によります。

道元のいわば博士論文ともいえる「弁道話」の巻を題材に、道元の仏法もまた「ひとつの命」の教えであること、道元の「坐禅」は論証を要しないものであること、そのために無理をして弁明しようとすると却って説得力を欠いてしまうこと、道元の「行」の仏法の特徴は教・行・証という仏教の基本的な体系に当てはめるとより明確になること、その道元の行は「信」に支えられていること、そしてそれらすべてを収めているのが修証一等の教えであることなどを見てきました。

最後に、もう一つ問わねばなりません。それは、いま私たちは道元の教えに希望を見出すことができるのか。

希望はちゃんとあると思います。修証一等あるいはひとつの命の教えのほかにではなく、その真只中に。

それは絶対安心の立場であり、たとえ何が起ころうとも、ひとつの命の外に出ることはないし、仏の慈悲や智恵から漏れることはない、そしてどんなときにも修すべき道がある、そう説いているものと思われます。癒しと安らぎ、希望と勇気の源がいつもここにちゃんとあると。

また、道元が説く輪廻も大いなる慰めであり希望です。それは単に厭うべきもの、脱すべきものではなく、成道に至る大切な行程です(15)。シュタイナーは輪廻の思想が誤った利己的な安心に陥る危険を指摘していますが(16)、道元の輪廻観にはその心配は毛頭ありません。

道元の教えにおける希望とは何かをもう少し具体的に考えてみますと、例えば「発菩提心《ほつぼだいしん》」巻の「あきらかにしるべし、仏祖の学道、かならず菩提心を発悟するをさきとせりということ」「発心とは、はじめて自未得度先度他《じみとくどせんどた》(自らは未だ度せずして、まず他を度せん)のこころを起こすなり。これを発菩提心という」といった言葉が思い浮かびます。

仏の道を学ぶ第一歩は菩提心を起こすことであり、その菩提心とは自分よりも先に他の人を救おうとする心である、というのです。この菩提心という希望だけは、何が起きても、どのような状況に追い込まれても、あるいは自分がどのような状態に陥っても、諦める必要はなさそうです。

最後の最後に、筆者の立場を弁明してこの拙い小論を終りたいと思います。なぜシュタイナーなのかといえば、それは筆者が幾度となく慰められ希望を与えられてきたからですが、そのシュタイナーによれば、現在私たちは、霊的（宗教的）修行に励むにあたって、従来のように師弟関係を重視するのではなく、より直接的に自力で霊界の認識を得る（悟りを得て、さらにそれを深める）時代を迎えているということです(17)。

換言すれば、従来のように信仰によるのではなく、知の道を介して高次の認識に至ることが必要になっているというのです。そして、それが可能になった実際的な要因は印刷術の発明によって多くの知識が公開されるようになったからで(18)、シュタイナーも人が自力で高次の認識を得るための道筋を書物によって示そうとしたのでした。

また、すでに霊的発展の一定の段階に達した人を信頼しなければならない、人間は共同して働いているのであり、ある人が他の人以上のことを達成したなら、それは自分自身のためではなく、他のすべての人のために達成したのである、とシュタイナーは述べています(19)。先に（三）で見た道元の自他一如の立場とぴったり重なりますが、この小論はそのような認識を尊重するものです。

さらに、シュタイナーによれば、冒頭で触れたように、「生きとし生けるもの」を対象とするひとつの命という一般的な宗教的世界観に止まらず、それを超えた「すべて」はひとつの命という世界観であれ、それは人間が到達すべき最終的認識ではありません。道元もまた（三）で取り上げたように、すでに修の証であるから証には終わりがない、と述べていました。このような認識がこの拙論のもう一つの立場です。

## [第一章の注]

(1) やすだひでお『すべてはひとつの命――安らぎと自由への新しい道』地湧社。

(2) ルドルフ・シュタイナー『神智学』（高橋巖訳・ちくま学芸文庫）「三つの世界」の三と四参照。シュタイナーによれば霊界には低次から高次まで七つの領域があり、最も高次の第七領域に至ると、さらに高次の世界との繫がりが明らかになるとされています。なお、仏教では衆生が輪廻する迷いの世界を三界（欲界・色界・無色界）と呼びます。しかし、今日では輪廻も三界も現実のこととして具体的に語られることは稀です。それに対してシュタイナーは、輪廻という現実を認識して人生を送ることが時代の要請であるとして、新しい輪廻観を説いたわけですが、その輪廻論は経験的知見に基づいたもので非常に具体的です。三界を含め仏教の輪廻観をその起源ないし根拠に遡って正しく理解する上で、シュタイナーの見解は極めて有益だと思われます。

(3)道元の『学道用心集』にも「菩提心(仏道を求める心)とは……無常を観ずるの心、便《すなわ》ち是《こ》れ其《そ》の一なり」と見えます(西嶋和夫編『道元禅師四宝集』(金沢文庫)の読み下しによる)。道元の時代もまた天災や異常気象が続発し、飢饉や疫病にみまわれ、政治的混乱や戦乱が続き、人々は過酷な状況に苦しんでいたといわれています。

(4)増谷文雄『現代語訳　正法眼蔵(第八巻)』(角川書店)による。現代語訳は増谷訳を適宜変更。

(5)つまり、独自のものではないからこそ、普遍的な価値があると考えられます。道元の教えが単に日本的であるとするなら、その価値はそれだけ限定されるはずです。ただし、日本的という独自性ないし特殊性を介して、より深い普遍性に到達する可能性があります。これは、本小論の趣旨からは外れますが、道元の教えに学ぶ上で重要なポイントだと思います。『永平広録』には、道元が釈尊の成道を記念する臘八《ろうはち》成道の上堂(説法)で、「明星正《まさ》に現れ仏成道、雪裏の梅花只一枝、大地有情同草木《だいちうじょうどうそうもく》、未曾有《みぞう》の楽しみ斯《こ》の時に得たり」と説いたとあり、『道元禅師語録』（如浄のもとで道元の兄弟弟子であった無外義遠《むがいぎおん》が『永平広録』を校正し約十分の一に縮小したもの）にはもっと端的に、「明星現ずる時、我と大地衆生と同時に成道す」とあります（大谷哲夫『道元「永平広録・上堂」選』（講談社学術文庫）および鏡島元隆『道元禅師語録』（同）による）。道元は、本文で引用したような自らの悟りを釈尊の成道から単伝し来ったものとして語っているのです。また、道元が『正法眼蔵』「仏性」巻で取り上げている『涅槃経』の「一切衆生悉有仏性《いっさいしゅじょうしつうぶっしょう》」は親鸞もその『教行信証』で何度も引用していますし、天台宗などでは「草木国土悉皆成仏《そうもくこくどしっかいじょうぶつ》」が説かれたことも、道元の教えの独自性ではなく普遍性を示すものと思われます。

（6）拙著『道元とシュタイナー』（水声社）第Ⅰ章参照。

（7）これもまた非常に重要なポイントだと思います。いまは道元と如浄との関係は措くとしても、道元は師の悟りの深浅ではなく、その修行のあり方が正しいかどうかだけを問題にすべきだと述べているのです。「弁道話」巻には「仏向上《ぶつこうじょう》」という言葉が出て来ますが、洞山良价《とうざんりょうかい》の言葉を取り上げた「仏向上事」巻では、洞山は「仏向上人になるべしとにあらず、仏向上人と相見《しょうけん》すべしとにあらず、ただしばらく仏向上人ありとしるべしとなり」と解説してのち、「黄檗《おうばく》は百丈《ひゃくじょう》の法子《ほっし》として百丈よりもすぐれ、馬祖《ばそ》の法孫《ほっそん》として馬祖よりもすぐれたり」と述べています。ここではこれ以上論じることはできませんが、この「仏向上」は道元禅における注目すべき言葉の一つと思われます。
(8)『学道用心集』にも「仏道は必ず行に依って証入す可き事」とあります。
(9)「菩提薩埵四摂法」巻には端的に「自他一如」とあります。
(10)拙著、前出、第Ⅲ章参照。
(11)先にも触れましたが、道元も『正法眼蔵』の「仏性」「発菩提心」「出家功徳」などの巻で『涅槃経』を取り上げています。
(12)浄土真宗教学研究所編纂『顕浄土真実教行証文類(現代語版)』(本願寺出版社)二〇七～八頁。
(13)例えば、ルドルフ・シュタイナー『シュタイナーの死者の書』(高橋巖訳・ちくま学芸文庫)三八頁参照。
(14)修証一等は古くからの本覚・始覚の問題に対する道元の答えであって、道元は独自の問題に取り組んだのでも、独自の答えを導き出したのでもないでしょう。実は、それこそが大事なことであり、「ひとつの命」にも同じことが当てはまると思われます。なお、「信」とは始覚に当たると考えられます。
(15)拙著、前出、第Ⅲ章参照。
(16)例えば、ルドルフ・シュタイナー『シュタイナー〈からだの不思議〉を語る』(西川隆範編訳／中谷三恵子監修・イザラ書房）では、「宗教をとおして人々は、身体が死んでも人間は死なない、という安心を得ることでしょう。これは根本的に利己的な感情です」（一五五頁）あるいは「体が死んでも人間は死なないという説教によって人を安心させたりしないことが大事です。そのように説教するのは、永世を願う人々の利己主義に働きかけ、その願望に応じているだけです」（一五七頁）と述べています。

(17) ルドルフ・シュタイナー『いかにして超感覚的世界の認識を獲得するか』（高橋巖訳・ちくま学芸文庫）「第五版のまえがき」参照。

(18) ルドルフ・シュタイナー『神智学の門前にて』（西川隆範訳・イザラ書房）十二頁参照。

(19) 同前『神智学の門前にて』一四四～五頁参照。

# 第二章　「只管打坐《しかんたざ》」考

## ――シュタイナーの視点から

只管打坐とはただひたすら坐禅することで、道元禅の特徴を最もよく表す言葉の一つとされています(1)。しかし、それではなぜ道元は『正法眼蔵《しょうぼうげんぞう》』に代表されるような難解な内容を弟子たちに説き、また書き残しもしたのでしょうか。

これは今日、一般の私たちが道元に学ぼうとするときに直面する問題の一つです。ただ坐るだけではだめなのか。『正法眼蔵』などを理解するには坐らなければならないのか。いったい坐るとはどういうことなのか。

この小論では、そのような疑問について、ルドルフ・シュタイナーの思想と照らし合わせながら、多少とも新しい視点で考えてみたいと思います(2)。

## 一　只管打坐の確立

道元の只管打坐はいつ確立したのでしょうか。このような問いは的外れでしょうか。確かに、道元が宋から帰国後すぐに著したとされる『普勧坐禅儀《ふかんざぜんぎ》』には既に次のようにあります(3)。

〈書き下し〉

凡《およ》そそれ自界他方《じかいたほう》、西天東地《さいてんとうち》、等《ひと》しく仏印《ぶっちん》を持《じ》し、一《もっぱ》ら宗風《しゅうふう》を擅《ほしいまま》にす、唯打坐《ただたざ》を務《つと》めて兀地《ごっち》に礙《さ》えらる。万別千差《ばんべつせんさ》と謂《い》うと雖《いえど》も、祇管参禅弁道《ただざんぜんべんどう》すべし。

〈現代語訳〉

一体、この娑婆世界であれ他土の世界であれ、インドであれ中国であれ、仏の正法を保持し、もっぱら仏法を宣揚するものは、ただ坐禅を務めて、山の動かないように不動の姿になりきったのである。人の機根には千人は千人、万人は万人、それぞれ相違があっても、ただ参禅弁道するがよい。

このように、最初から、只管打坐が如浄から受け継いだ道元の禅の根幹をなしていたことに異論はありません。しかし、その後二十数年に及ぶ弁道の中で、道元の只管打坐観に変化ないし深化あるいは力点の変遷が生じたとしても不思議ではないでしょう。それは次に述べるように比較的簡単に辿ることができます（4）。

道元が坐禅そのものを論じたものとしては、『普勧坐禅儀』のほかに「坐禅儀《ざぜんぎ》」と「坐禅箴《ざぜんしん》」があります。『普勧坐禅儀』については、道元が宋から帰国した年（一二二七）に著したと考えられるもの（未発見）、永平寺に伝えられた道元の自筆本で天福元年（一二三三）に清書されたもの（天福本）、そして延文三年（一三五八）版の『永平道元禅師語録』に収められ、寛文十三年（一六七三）版『永平広録』巻八にも収められているもの（流布本）が知られています。「坐禅儀」と「坐禅箴」は道元自身の編纂による七五巻本『正法眼蔵』の第一一巻と一二巻を成すもので、一二四二年から翌年にかけて撰述・示衆されたものと見られています(5)。

〈『普勧坐禅儀』の自筆本から流布本へ〉

まず、『普勧坐禅儀』の自筆本と流布本を比較してみると、全般にわたってかなり多くの補正が認められますが、特に注目すべき相違点が二つあります。

一つは、自筆本には見られない「打坐《たざ》」と「祇管《しかん》」という語句が流布本に登場したことであり、もう一つは、自筆本の「念《ねん》起こらば即ち覚せよ。之れを覚せば即ち失す。久久に縁を忘じ、自ずから一片と成らん。此れ坐禅の要術なり」から流布本の「兀兀《ごつごつ》として坐定《ざじょう》して、箇《こ》の不思量底《ふしりょうてい》を思量せよ。不思量底如何《いか》んが思量せん、非思量、此《こ》れ乃《すなわ》ち坐禅の要術なり」への変更です(6)。

この流布本における「坐禅の要術」としての「思量箇不思量底」と「非思量」の提示が道元禅の画期的変化ないし発展であることは、これから流布本と「坐禅儀」および「坐禅箴」を比較すると明らかになります。

流布本『普勧坐禅儀』の成立過程については、道元が帰国直後に自筆本を著してから亡くなるまでの二十数年間に自身で推敲を重ねて現存のような文章に仕上げたという見方や、最初の自筆本の撰述から一二四二・三年に「坐禅箴」と「坐禅儀」が撰述・示衆されるまでの十数年間に道元自身の手によって彫琢が加えられたとする見方などがあります(7)。

しかし、『普勧坐禅儀』は漢文で書かれ、『正法眼蔵』に収められている「坐禅儀」と「坐禅箴」は和文で書かれているという点でも、内容の上でも、『普勧坐禅儀』が先に完成したあと、それを踏まえて「坐禅箴」と「坐禅儀」が成立したと考えるのが自然だと思われます。

道元が漢文で著したものとしては、『普勧坐禅儀』のほかに『学道用心集《がくどうようじんしゅう》』(一二三四年頃の成立で、それまでに説示された法語が弟子の懐奘《えじょう》によって現存のような形にまとめられたとされるもの)(8)、『宝慶記《ほうきょうき》』(道元の在宋日記ないし備忘録のようなもので、道元の遺書の中から懐奘が発見し一巻にまとめたもの、あるいは道元自身が晩年に『正法眼蔵』の再治・新草のかたわら書き始めた入室参学の記録)(9)、『真字《しんじ》正法眼蔵(正法眼蔵三百則)』(一二三五年に成立したいわゆる公案集で、道元自身の著作とは言えない)、『永平清規《えいへいしんぎ》』(一二三七年から一二四九年にかけて別々に撰述され伝えられていた漢文の六篇が江戸時代になって一本にまとめられたもの)(10)などがあります。

これらの漢文の著作の性格をみると、①道元が和文の著作を始める以前に書かれたもの又は準備されたもの②規則や作法や心構えにかかわるもの③資料集的性格のもの、といった点が挙げられるでしょう。①の部類に入るものとしては、道元が最初に和文で著したのは「弁道話」（一二三一年）ですから、それ以前に書かれたものや準備されたものとして『普勧坐禅儀』と『学道用心集』と『宝慶記』が該当します。②には『永平清規』、③には「真字正法眼蔵」がそれぞれ該当します。

このような道元の漢文の著作の三つの分類のうち、最も注目すべきは①の和文による著作との関係です。②の規則や作法にかかわる著作については、如浄《にょじょう》から嗣法《しほう》し、その正伝の仏法を日本に初めて伝えたという自負をもつ道元としては、それを漢文で著すのは自然なことだったと思われます(11)。③は漢文の資料を集めたものですから漢文であるのは当然です。

さて、①の和文による著作との関係に戻りますと、玉城康四郎も指摘しているように、奈良時代の仏教者はいうまでもなく、平安の空海や最澄も、鎌倉新仏教の担い手の親鸞や日蓮も、その主著を著すのに漢文を用いたのに対して、道元が和文をもって『正法眼蔵』という大作を著したことは、日本の仏教史上、注目すべきことだと思われます(12)。

なぜ道元は和文を用いたのか。玉城は次のように述べています——日本の仏教者が漢文的表現を用いるということは、単に表現法だけでなく、思惟法までも中国の仏教者を継承したと言わねばならないのであり、それに対して道元は自由に自らの国語で仏道の世界を思索し抜いたのである、と。道元が和文を用いることによって中国仏教から自由になり独自の仏教を追究しようとしたという指摘は重要です。

もしそうであるなら、道元が晩年まで、あるいは「坐禅箴」と「坐禅儀」を撰述・示衆するときまで、漢文の『普勧坐禅儀』の推敲に固執する理由はないでしょう。

この点については、流布本『普勧坐禅儀』と「坐禅儀」および「坐禅箴」の内容を比較すると更に明確になります。

### 〈流布本『普勧坐禅儀』から「坐禅儀」へ〉

まず『普勧坐禅儀』と「坐禅儀」との関係ですが、「坐禅儀」の内容は『普勧坐禅儀』の中で坐禅の具体的作法と心構えを述べた箇所とよく一致しています。例えば、「坐禅儀」の冒頭（第二文）の「坐禅は静処《じょうしょ》よろし」に対して、『普勧坐禅儀』には「それ参禅は、静室宜《じょうしつよろ》し」とあります(13)。「坐禅儀」の第三文「坐蓐《ざにく》あつくしくべし」以下「冬暖夏涼《とうだんかりょう》をその術とせり」までは『普勧坐禅儀』に対応する箇所がありませんが、これは坐禅の作法をその後の指導経験を踏まえて補ったものと考えられます。「坐禅儀」の次の文「所縁を放捨《ほうしゃ》し、万事を休息すべし」は『普勧坐禅儀』にもまったく同じ文が見つかります。

ただし、顕著な例外が一箇所あります。それは「坐禅儀」の最初に挿入された「参禅は坐禅なり」の一文です。興味深いことに、この一文も流布本『普勧坐禅儀』に至って補正された箇所にかかわっていると考えられます。

それは三箇所あります。一つ目は「所謂《いわゆる》、坐禅は修禅《しゅうぜん》にあらず。唯是安楽《ただこれあんらく》の法門なり」の「坐禅は修禅にあらず」です。この語句は自筆本には見られません。二つ目は、それに続く箇所で、「菩提《ぼだい》を究尽《ぐうじん》するの修証《しゅしょう》なり。公案現成羅籠未《こうあんげんじょうらろう》だ到らず」です。これはまったく新たに挿入されたものです。そして三つ目は、「修証自《おのずか》ら染汚《ぜんな》せず、趣向更《しゅこうさら》にこれ平常《びょうじょう》なる者《もの》なり」で、これもまた新たな挿入です。これらの三箇所の補正は待悟禅を否定して修証一等の立場を鮮明にしたものと見られます。

したがって、「坐禅儀」冒頭の「参禅は坐禅なり」は、この修証一等の立場をさらに明確に打ち出したものと言えそうです。道元の説法や撰述の特徴として、最初に要点をズバリと示す傾向があることを考えると、「坐禅儀」の冒頭に流布本『普勧坐禅儀』にはない一文が挿入されたことの意味は決して小さくはないでしょう。

**〈流布本『普勧坐禅儀』から「坐禅箴」へ〉**

次に、「坐禅箴」と流布本『普勧坐禅儀』を比較してみますと、この場合も全体にわたって随所に対応関係が認められます。例えば、「坐禅箴」はいきなり『景徳伝燈録《けいとくでんとうろく》』巻十四薬山《やくさん》章にみえる薬山惟儼《いげん》とある僧との問答の引用で始まっていますが、この冒頭の比較的長い箇所は、先の流布本『普勧坐禅儀』で新たに提示された「兀兀と坐定して、箇の不思量の底《ところ》を思量せよ。不思量の底、如何《いかん》が思量せん。非思量、これ乃《すなわ》ち坐禅の要術なり」を改めて詳しく説いたものと考えられます。

また、流布本『普勧坐禅儀』で新たに挿入された箇所の一つ、「作仏《さぶつ》を図《はか》ることなかれ、豈《あに》坐臥《ざが》に拘《かかわ》らん乎《や》」は、「坐禅箴」では南獄懐譲《なんがくえじょう》と馬祖道一《ばそどういっ》の問答に関する長い箇所が対応しているものと考えられます。

しかし、この場合も、最も注目すべきは、「坐禅箴」と流布本『普勧坐禅儀』の冒頭の箇所の相違です。『普勧坐禅儀』は「原《たず》ねればそれ、道本円通《どうもとえんずう》す、争《いか》でか修証《しゅしょう》を仮《か》らん」という有名な一文で始まっています。それに対して「坐禅箴」は薬山惟儼とある僧とのこれもまた有名な問答で始まっているわけですが、それが自筆本『普勧坐禅儀』にはなく流布本で新たに示された「坐禅の要術」にかかわる問答であることが重要です。

つまり、自筆本『普勧坐禅儀』から流布本『普勧坐禅儀』そして「坐禅箴」へと至る過程で、道元の主張の中心が「道本円通」から「非思量」に移っていったことが分かります。換言すれば、道元の只管打坐は「坐禅箴」の「非思量」に至ってようやく一応確立したと言えるのではないでしょうか。

それでは、只管打坐における非思量とは何か。これが次のテーマです（14）。

## 二　只管打坐と思惟

以上の簡単な考察のとおり、道元の只管打坐観は変遷ないし発展の道をたどり、一二四三年の「坐禅箴」の示衆に至ってようやく一定の確立をみたものと思われます(15)。

### 〈「坐禅箴」から「三十七品菩提分法」へ〉

しかし、道元の参究が停滞することはありません。「坐禅箴」と「坐禅儀」を示衆した翌年の一二四四年、道元は「三十七品菩提分法《さんじゅうしちぼんぼだいぶんぽう》」を説き、「古仏いわく、『思量箇不思量底《しりょうこふしりょうち》、不思量底如何思量《ふしりょうちしゅおしりょう》。非思量《ひしりょう》』。これ正思量、正思惟なり。破蒲団《はふとん》、これ正思惟なり」(16)と述べています。

破蒲団とは坐蒲が破れるほど坐禅すること、つまり只管打坐、それこそが正しい思惟であるというのです。この正思惟ないし正思量のことを古仏は非思量（通常の思惟にあらず）といい、思量箇不思量底（通常の思惟の及ばないところを思惟するのである）といったのである、と(17)。

この「三十七品菩提分法」の一節は、道元が八正道を論じる中で述べたものですが、この「三十七品菩提分法」の巻には注目すべき点がいくつかあります。

三十七品菩提分法とは四念住《しねんじゅう》・四正断《ししょうだん》・四神足《しじんそく》・五根《ごこん》・五力《ごりき》・七覚支《しちかくし》・八正《はっしょう》（聖）道《どう》から成る三十七の悟りを極めるための修行法のことです。つまり、開悟するための様々な修行の徳目を説いているのです。
次の言葉はこの巻における道元の立場を端的に表しています。「『正業道支《しょうごうどうし》』は、出家修道《しゅっけしゅどう》なり、入山取証《にっさんしゅしょう》なり。」『僧業《そうごう》』は大乗にあらず、小乗にあらず。僧は仏僧・菩薩僧《ぼさつそう》・声聞僧《しょうもんそう》等あり。いまだ出家せざるものの、仏法の正業を嗣続《しぞく》せることあらず、仏法の大道を正伝せることあらず。」

八正道のうちの正業（正しい行い）とは出家して道を修めることであり、入山して悟りを得ることである、出家しないで仏法の正業を嗣ぎ、仏法を正伝したものは未だいない、というのです。このような道元の出家の立場は、例えば七十五巻本『正法眼蔵』第一の「現成公案」の巻が俗弟子の楊光秀《ようこうしゅう》に書いて与えられたものとされていることを勘案すると、注目に値します。

もう一つ注目すべきは、僧のなすべき業《わざ》には大乗も小乗もない、ただ仏僧・菩薩僧・声聞僧などの区別があるだけである、という立場です。これは道元が標榜する仏祖正伝の立場に符合するもので、「三十七品菩提分法」は一般の大乗仏教の立場からは説くことができないものと考えられます。

例えば、八正道は釈尊が最初の説法（初転法輪）で説いた実践徳目とされ、原始仏教で重んじられたのに対し、大乗仏教に至ると六波羅蜜《ろくはらみつ》が重視されるようになります。ところが驚くべきことに道元は、かなり長大な「三十七品菩提分法」の巻の約半分をこの八正道に費やしているのです。

また、八正道は正見《しょうけん》・正思惟《しょうしゆい》・正語《しょうご》・正業《しょうごう》・正命《しょうみょう》・正精進《しょうしょうじん》・正念《しょうねん》・正定《しょうじょう》という八つの実践徳目からなり、道元は順番に説いていきますが、そのうちの大半を正業に割り当てている点に、出家と仏祖正伝の立場への道元のこだわりが窺えます。

先に引用した「古仏いわく、『思量箇不思量底、不思量底如何思量。非思量』。これ正思量、正思惟なり。破蒲団、これ正思惟なり」はこの八正道の第二の徳目、正思惟の説明として述べられたものです。つまり、正しい思惟とは何かという問いに対する答えが破蒲団すなわち只管打坐なのです。只管打坐とは何かという問いに対して、それは正思惟であると答えたのとは微妙に意味合いが異なります。

前節で外観したように、自筆本『普勧坐禅儀』、流布本『普勧坐禅儀』、「坐禅箴」および「坐禅儀」へと説示の時期が下るにつれ、道元の只管打坐観の中心が「道本円通」から「非思量」に移って行ったと考えられますが、この「三十七品菩提分法」では、只管打坐をもっと広い視点から、三十七品菩提分法ないし八正道の一部として捉え直しています。道元の只管打坐観は「三十七品菩提分法」に至って更なる展開を示したと言えそうです。

## 〈非思量から正思惟へ〉

道元は正思惟とは只管打坐であると答えました。したがって、非思量とは思量の否定ではありません。それは不思量底を思量する思量、通常は思量できないところを思量する正思量のことです。

なお、八正道あるいは三十七品菩提分法を説く場合でも、道元はやはり修証一等の立場に立っていると考えられます。

そのことは八正道の第一の徳目、正見に対する道元の説明によってすでに明らかです。原文にはいくつか難しい語句がありますので、現代語訳で示します(18)。「まず、正見道支、すなわち、正見という実践の徳目であるが、それは、いうなれば、眼睛のなかに身を蔵《かく》すことである。だがしかし、そのためには、まず、この身が生まれるさきに遡《さかのぼ》って、この身よりさきに生まれた眼をもたねばならない。それは、いまだって眼のまえに堂々として見えているものと別のものを見るわけではないが、それがいわゆるさとりの実現なのであり、遠いとおい昔から仏祖たちが親しく見てこられたものに他ならないのである。そして、その眼のなかにわが身を蔵したものでなくては、けっして仏祖とはいえないのである。」

正見とは本来は悟りを開くための修行の徳目のはずですが、道元はそれを仏祖伝来の悟りの実現であると述べています。これは道元がやはり修証一等の立場に立っていることを示していると考えられます。
この立場は、第二の徳目、正思惟の説明においても維持されており、先に引用した箇所の前では次のように述べられています。「つぎには、正思惟道支、すなわち、正しい思惟の実践という徳目であるが、この思惟をなす時には、十方の仏たちがみな現れてくるという。だからして、これを翻していえば、十方が現じ、諸仏が現れてくる時は、とりもなおさず、まさしくこの思惟をなしている時なのである。だから、また、この思惟をいとなんでいる時、それは自己でも、他者でもないとしなければならない。だがしかし、いまやこの思惟を思惟しおわったその時には、その人はすでに波羅奈《はらな》の郊外なる鹿野苑《ろくやおん》に赴いているのである。なんとなれば、この思惟のあるところは、それは鹿野苑であるからである。」

正思惟とは鹿野苑における釈尊の初転法輪の法席につらなる、諸仏伝来の自他を超えた思惟であるというのですが、ここまではやはりそのような正思惟に至る具体的な修行の道は示されていません。しかし、これに続くのが「古仏いわく」で始まる既出の一節であり、ようやく「破蒲団、これ正思惟なり」とあります。

この破蒲団すなわち只管打坐は、正見と正思惟という二つの徳目を通じて初めて示された具体的修行法です。しかし、なぜ破蒲団は正見ではなく、正思惟なのでしょうか。

## 三　シュタイナーの視点から

この問題をシュタイナーの視点から考えてみたいと思います。シュタイナーも八正道についてたびたび語っています。ここでは主としてシュタイナーの仏陀論のなかで最も重要とされる『ルカ福音書講義』(19)によりたいと思います。

八正道がキリスト教のルカ福音書との関連で語られるというのは一般的には奇異なことです。しかし、『ルカ福音書講義』には「仏陀とキリスト教」という副題がつけられており、「仏教的世界観が、すべてこの福音書に流れ込んでいる」、あるいは「まったく独特な形であり「もっと高められた形」であるとはいえ、「ルカ福音書から流れ出るものは仏教だ」とシュタイナーは考えています(20)。シュタイナーは、人類の歴史（過去と未来）を、実に、キリスト教や仏教など諸宗教が果たす役割あるいは霊（宗教）的指導者たちの使命や相互関係という視点から解き明かそうとしているのです。

### 〈八正道と四諦《したい》と十二因縁《じゅうにいんねん》〉

シュタイナーは八正道の意味を四諦と十二因縁との関連から説き起こします。四諦は釈尊の悟りを一般大衆に説いたものであり、十二因縁は身近な弟子たちに説いたものであるとシュタイナーは考えていますが、釈尊の悟りについてのシュタイナーの説明は、人はなぜ苦しむのか、そして人の苦しみはいつ、どのような条件下で始まったのか、という二つの側面にわけることができそうです。

まず、人はなぜ苦しむのか、という側面から始めましょう。四諦の第一はこの世には苦があるという教え（苦諦《くたい》）、第二は苦の原因についての教え（集諦《じったい》）、第三は苦を排除する可能性についての教え（滅諦《めったい》）、第四は苦を排除するために必要な知を得るための具体的な方法としての八正道の教え（道諦《どうたい》）です。第一の教え、この世には苦があるということに関してはひとまず説明は不要でしょう（しかし、これは自明のことではありません。後ほどまた取り上げます）。

第二、第三、第四の教えに関するシュタイナーの説明をかいつまんで言えば、苦の原因は生存への渇きであり、その渇きは霊視的な知を失ったこと（無知）による、したがって苦を無くすには失った霊視的知を取り戻さなくてはならないが、今の人間は古代とは異なる方法でその知を獲得しなければならない、その方法が八正道である、ということになります。しかし、これだけではよくわからないでしょう。

シュタイナーは十二因縁の第二、「行《ぎょう》」に注目し多くの紙幅を割いています。十二因縁とは生存の苦の原因と因果関係を、無明《むみょう》（迷いの根本である無知）・行《ぎょう》（無明から出て次の識を起こす働き）・識《しき》（受胎したときの最初の一念）・名色《みょうしき》（母胎の中で発育する心的なものと肉体的なもの）・六処《ろくしょ》ないし六入《ろくにゅう》（眼・耳・鼻・舌・身・意の六根が具わって、まさに母体を出ようとする状態）等々から老死に至る十二段階を立てて説明したものです。

シュタイナーによれば、行とは、微細身（神智学・人智学でいわれるエーテル体）の中に存在する、前世の微細身のエッセンスに対する無知に起因する一種の傾向ないし力です。行は生存への渇望をもたらし受肉に駆り立てるほか、一定の思考傾向（内面的傾向）をもたらし、それがある種の内面的思考器官を形成し、今度はそれが個体性すなわち名色ないし我慢を形成するという経過をたどります。これで、シュタイナーが説く無明・行・識・名色の関係を一通りたどったことになります。

次は六処ですが、シュタイナーはここで人間の苦の原因を詳しく説いています。人間は霊視力を失うことによって、物質的世界の背後に広がる共通の客観的世界を失い、そのことによって自分と他者を区別する我慢を持つに至った。それ以来、人間は前世から携えてくる個体性を形成する働きの下で、内側から六根を形成する。六根には微細身の中に組み込まれた前世由来の個体的欲求が混じり込んでいるため、純粋に見たり聞いたりすることができない。他方、この六根が形成されたことによって外界との接触が生じ、接触によって感受が生じ、感受をとおして外界との凝着が生じ、それによって苦悩や苦痛が発生した。

こうして、先に素通りした四諦の第一、苦諦の教えが一応明らかになりました。しかし、人間が六根を通じて外界をアストラル体（エーテル体・物質体・個我と並ぶ人間の構成要素で、心に相当するものとされるもの）の中で内的に体験するだけなら、苦痛や苦悩は生じないはずなのに、人の苦しみはいつ、どのような条件下で始まったのか、という側面へとシュタイナーの追究は更に続きます。

人間は過去に（聖書ではそれぞれデーモン及びサタンと呼ばれている）ルシファーとアーリマンという二つの存在の働きを経験してきたのであり、これらの働きかけがなかったら人間は自由も、善悪を区別する能力も獲得できず、自分の意思によって物事を決定することもできなかったはずであるが、そのために人間は自らのうちにルシファーとアーリマンの名残を有している。太古の人間には漠然とした霊視力があり、幾度もの受肉を通して自らのうちに担ってきたルシファーとアーリマンの影響を知ることができたし、その悪影響から逃れることもできた。しかし、太古の霊視力が失われると、その影響だけが残り、それをもたらすものについての無知が生じた。この無知の下に残ったルシファーとアーリマンの影響こそ、受肉から受肉へと継続していく生存への渇望であり、苦の原因である。

これは十二因縁における無明の発生から行に至る経緯であり、先に見た六処における苦の発生へと続くわけですが、その苦の根源を人間の自由や善悪の判断にかかわるルシファーとアーリマンのかつての働きにまで遡って探求しているわけです。これで苦諦の第二、集諦の教えを少し詳しく検討したことになります。

次は第三の滅諦です。シュタイナーによると、太古の人間が有していた霊視力は、まだ完全には物質体の中に入り込んでいなかったエーテル体の器官を使ったもので、その後エーテル体が物質体の中に完全に入り込むにつれ人間は霊視力を失ってしまいます。そして、この霊視力の喪失による無知こそが苦の原因でした。

したがって、苦を滅するためには、その原因である失われた霊視力を回復しなければなりませんが、エーテル体の器官を使うかつての方法は、人間の構成要素の状態が変化した今ではもはや使えません。そこで、何か別の方法が必要になりますが、それを示す教えが第四の道諦であり、それこそがアストラル体の器官を開発する方法としての八正道というわけです。

改めて八正道とは何かといえば、それは輪廻転生ないし行の影響を受けない知に至るための道を示したものである、ということになります。

その道の第一（正見）は、表象（意識内容）の獲得の仕方です(21)。通常、人はこれをまったくの偶然にまかせているが、十六弁のチャクラ(22)を活動させるには、自分がもつ表象に注意を向け、意識的態度で臨み、どの表象も有意義なものになるように、つまりそれが外界の忠実な鏡となるように、統御しなければならない。

外界の忠実な鏡となるようにというのは、六根の中に組み込まれた前世由来の個体的欲求ないし行の影響を排除して、純粋に見たり聞いたりできるように、という意味になるでしょう。

第二（正思惟）は決断ないし判断の仕方です。どんな些細なことでも、よく考えて、前世から携えてきたものや他からの影響を受けることなく、自らの正見に基づき、十分な根拠をもって決断ないし判断を下さなければならない(23)。

以上、シュタイナーの八正道論を、その背景をなす四諦と十二因縁との関係を踏まえながら、第二の正思惟までざっとたどってみました。しかし、これだけでは、先の問題、なぜ只管打坐は正見ではなく正思惟なのか、という疑問に答えることはできません。

### 〈人間と思考〉

そこで、シュタイナーの思考（思惟）論に目を転じてみたいと思います。シュタイナーはこの世界の働きを認識するには思考（思惟）から出発するほかないとして、その理由を詳しく論じています。私の理解した範囲でシュタイナーの見解をごく簡単に紹介しますと(24)、思考にはいくつかの側面がありますが、まず思考とは概念を形成する働きです。そして、その思考こそ人間と他の生物とを分かつ人間独自の特徴であり、これまでの進化の過程の最後に現れたものです。ですから、人間である以上、思考から始める以外に道はありませんせん。もちろん思考の前提条件として意識と思考対象がなくてはなりませんが、それだけでは人間の行為にはなりません。

思考を認識するのも思考によります。この場合、眼は眼を見ることができないように、思考の結果は観察できても、思考活動そのものを観察することはできません。しかし、思考活動だけは、隠れたところのない透明な過程として、直接経験することができます。もう少し詳しく見るならば、その透明な過程で生み出されるのは直観であり、思考とは本来直観的なものです。

そして、この直観的思考は人間存在の霊性に由来し、個人の枠を超え、覚醒と睡眠、さらには生と死の区別をも超えるものであり、そういうものとして、かつての霊的な知を取り戻し、無知を克服するための道なのです。なお、興味深いことに、このような直観的思考の特性は、先にみた道元の正思惟に対する説明、つまり正思惟をなす時には諸仏が現じ、それは自己でも他者でもなく、云々ともよく符合していると思われます。

このようなシュタイナーの直観的思考の立場と只管打坐を正見ではなく正思惟とする道元の立場は似ています。それはいわば証上の修あるいは本証妙修の立場です。例えば、シュタイナーは「可能性はすべて、人間の魂の中に微睡んでいる。それを目覚めさせることができればよい」「真理内容も高次の生命もすべての人間の魂に内在しているから、各人はそれを自分で見出すことができるし、見出さねばならない」（『いかにして超感覚的世界の認識を獲得するか』一一二・一三七頁）と述べ、道元は「この法は、人人の分上にゆたかにそなはれりといへども、いまだ修せざるにはあらはれず、証せざるにはうることなし」（「弁道話」）と述べています。

なぜ只管打坐は正見ではなく正思惟なのか。それは本証妙修の立場、つまり人間の立場を示すものと言えるのではないでしょうか。

## 四　今日における道元禅の重要性（まとめとして）

最後に、禅一般および道元禅の特徴とその今日における重要性に触れておきたいと思います。

まず、禅一般に目を向けますと、西谷啓治は、禅の立場の特異性について、禅には宗教一般に特有な諸規定を超出したところが現れており、しかもそれが大乗仏教の逸脱としてではなく、その地盤から、そして最初からそのような自覚を明確にもって、出現し発展してきたことを指摘しています(25)。

禅が宗教一般に特有な諸規定を超出しているということの一つの現れは、キリスト教徒が禅に高い関心を寄せることに見てとれます。門脇佳吉は、かなりの数のキリスト教徒が本格的に参禅し、禅の内奥に導かれていること、その場合、キリスト教徒としての信仰が何ら支障にならないばかりか、坐禅によってその信仰を深化させることができると現代の日本の指導的老師たちが明言していること、そしてさらに驚くべきことには、キリスト教徒に印可を与えることさえあることを指摘しています(26)。門脇自身、カトリックの司祭でありながら、大森曹玄から嗣法した師家でもあります。

宗教一般に特有な諸規定を超出した立場であるということは、諸宗教に通底する根本的な立場に立つということであり、そのことによって禅はそれぞれの宗教の理解や信仰を深めるのに役立つとともに、宗教間の対話に貢献できるものと考えられます。今日の禅に対する期待も、そのような点によるものと思われます。

他方、そのような禅の立場に似ているのがシュタイナーの立場です。それは何らかの新しい宗教を提示しようとするものではなく、かえってどの宗教とも矛盾せず、それぞれの宗教が伝える叡智や真理あるいは命の秘密をより深く理解することを目指すものです(27)。この場合、個々の宗教の叡智を深く理解するということと、宗教間の相互理解を深めるということは別のことではないでしょう。

このように、長い伝統を誇る禅の立場と十九世紀末から二十世紀初めにかけて近代科学の興隆を背景に誕生したシュタイナーの立場が一致するということは注目に値します。一方では、この一致の歴史的ないし今日的意味が問われねばならないでしょうし、他方では、両者を照らし合わせるという手法によってもたらされるものが追究されねばならないでしょう。

さて、道元禅の特徴はどこにあるのでしょうか。道元禅は中国禅（如浄禅）の単なる機械的移植ではなく、その深化・純化（日本的発展）を示すものであるとも、中国禅の単なる深化・純化ではなく、それ独自の主張を含むものであるとも言われます(28)。『正法眼蔵』に代表される道元の著作に注目する見方もあります。西谷啓治は『正法眼蔵』を、禅の立場が叙述的ないし説明的に書かれているので、思想的なアプローチができるという点では一番よい本であり、禅の中だけでなく、仏教的な著作の中でも指折りの代表的なものだとしています(29)。

先に、「一　只管打坐の確立」の中で触れた玉城康四郎の解釈は、『正法眼蔵』が和文で書かれたことに着目して、そのような二つの見方を結び付けていると言えるかもしれません。道元自身の言葉に着目すれば、既に「二　只管打坐と思惟」で触れたとおり、『学道用心集』の「参禅学道は正師を求むべきこと」の末尾に「行解相応する、是れ乃《すなわ》ち正師なり」とあります。これによって、正師たる道元は行と説明をともに探求したことがわかります。したがって、道元禅には行と解の二つの側面があることになります。この小論の冒頭で述べた、ただ坐るだけではだめなのか、『正法眼蔵』などを理解するには坐らなければならないのか、いったい坐るとはどういうことなのか、といった今日の私たちが直面する問題もこの点にかかわってきます。正師になることを目指すわけではない一般の私たちには、只管打坐という行の道と『正法眼蔵』といったいわば哲学の道の二つの可能性があると考えられます。

興味深いことに、シュタイナーもまた行と哲学という二つの道を示しています。典型的なものとして『いかにして超感覚的世界を認識するか』と『自由の哲学』があります。ただし、両者は同列の関係にあるのではありません。後者は霊的経験（悟り体験）を持つ前でも、霊界（悟りの世界）の存在を認識することができることを証明しようとしたもので、現代人の意識状態にふさわしい形で前者に至る道を説く試みです(30)。このシュタイナーにおける行と哲学との関係は、道元禅の行と解との関係を考える上で示唆的です。

しかし、道元禅の特徴および今日的重要性として特筆すべきは、この小論で注目した正思惟だと思われます。道元が「三十七品菩提分法」で八正道の正思惟の説明として、つまり正思惟とは何かを説くなかで、只管打坐とは正思惟であると語ったことは注目に値します。なぜなら、このとき道元は只管打坐を正思惟を得る方法と捉えていたと考えられるからです。

正思惟が目標なら、新たな可能性が開けてきます。一つは、只管打坐以外の今日的な行法あるいは行一般の根底に通じる道であり、もう一つは、単なる坐禅を超えて行住坐臥に通じる道です。

こうして、道元の只管打坐は、正思惟に至ることによって、大乗仏教の地盤を貫いて、より普遍的な仏法の立場に達し（これが正伝の仏法の本来の意味かと思われます）、更には、宗教一般の地盤に通じる道をも開いたのであり、道元禅の今日的重要性の一面はこのような普遍性にあるものと思われます。

## ［第二章の注］

（1）例えば、菅沼晃編『新装版　道元辞典』（東京堂出版）「只管打坐」の項参照。ただし、それは必ずしも只管打坐が道元独自のものという意味ではないでしょう（例えば、酒井得元『酒井得元老師著作集〈二〉道元禅の解明』（大法輪閣）編集責任者・能勢隆之による「後記」参照）。

（2）大久保道舟『道元禅師傳の研究』（岩波書店）には、「入宋後約二箇年は殆ど大慧系統の看話禅に参究せられたことになる。これが後さらに浄祖について宏智系の黙照禅を究められるのであるから、その禅風が看話・黙照の何れにも通じ、また何れにも偏せざる穏健妥当なものであったことが窺われる。即ち禅師の禅こそは真に醇乎たる祖師禅の精髄に徹底せられたものであった。思うに真字正法眼蔵（三百則）を初め仮字の正法眼蔵及び永平広録等において提唱せられた多数の公案のごときは、恐らくこの二箇年間に研鑽せられたものと思われるが、その本覚的只管打坐を主張せられる反面、さらに公案による思索体験をもって学道の階梯としておられることは、或はこうした経路によるものではないかと推察する」（一五九頁）とあります。はたして、それは単なる経路の問題なのか、またはもっと本質的な問題を孕んでいるのか、検討してみたいと思います。

（3）書下し・現代語訳ともに鏡島元隆『道元禅師語録』（講談社学術文庫）付載のものによる。

（4）これから進める考察に付記しますと、『普勧坐禅儀撰述由来』には「教外別伝の正法眼蔵（仏法の真髄）は、我が国では未だかつて知られていない。まして、坐禅儀の今に伝えられたものは存しない。私は先頃、嘉禄の年（一二二七年）宋国から本国に帰ってきたが、その折り参学者の求めがあり、やむにやまれずそれに応じて、この坐禅儀を著わすわけである」とあり、「弁道話」（一二三一年）にも「人がまさに正信をもって修行するならば、利発愚鈍の区別なく、ひとしく得道するのである。……正伝の仏法である坐禅が示された今や（中略）ひたすら端坐修練するならば、仏をも超える真実がたちまちに現前し、一生参学の大事がすみやかに究極するのである」とあります（ともに上田閑照・柳田聖山編『大乗経典〈中国・日本篇〉23道元』（中央公論社）所収の上田閑照訳による）。ところが、「仏教」（一二四一年）には「ある男がいう。釈迦はむかしその生涯にわたって経典を説示したが、その他にまたすぐれた一心の法を摩訶迦葉に正伝した。それを正しい嗣手《つぎて》から正しい嗣手へと相承《そうじょう》していまにいたっておる。だから、教というのは機に応じてのたわむれの論議であって、その一心こそ真実の道理である。その正伝した一心を教外別伝という。それは三乗十二分教、すなわちもろもろの経典の語るところとは、まったく別のものである、と。また、その一心こそ最上のものであるから、直指人心、見性成仏と説くのである、という。そのいい方は、けっして仏教のものではない。（中略）そんな男は、たとい数百数千年の先輩であろうとも、そんなことを言うようでは、仏法も仏道もまだ解ってはいない、通じてはいないのだと知るがよい」とあります（増谷文雄『現代語訳　正法眼蔵（第三巻）』（角川書店）による）。このように、『普勧坐禅儀撰述由来』や「弁道話」の立場と「仏教」の立場との間には矛盾ないし飛躍があるように見えます。

（5）以上、前出の菅沼晃編『新装版　道元辞典』「普勧坐禅儀」の項および鏡島元隆『道元禅師語録』「解題」などによる。

（6）書下しは自筆本・流布本ともに西嶋和夫編『道元禅師四宝集』（金沢文庫）により、漢字は新字体に改めた。

（7）菅沼晃編『新装版　道元辞典』「普勧坐禅儀」の項および鏡島元隆『道元禅師語録』「解題」参照。

（8）同前『新装版　道元辞典』「学道用心集」の項参照。

（9）同前『新装版　道元辞典』「宝鏡記」の項および水野弥穂子『現代語訳・註　道元禅師宝鏡記』（大法輪閣）「解題」参照。

（10）中村璋八・石川力山・中村信幸全訳注『典座教訓《てんぞきょうくん》・赴粥飯法《ふしゅくはんぽう》』（講談社学術文庫）石川による解説参照。

（11）その道元の自負がいかほどのものであったかは『普勧坐禅儀撰述由来』からも窺うことができます。すでに注（4）でも一部引用しましたが、その全文（書下し）は次の通りです。「教外別伝の正法眼蔵は、我が国ではいまだかつて聞いたことがない。ましてや坐禅儀は伝わったことはない。嘉禄年中、私は宋から帰国し、参学者の要請により坐禅儀を書いた。昔、唐代の百丈《ひゃくじょう》禅師が達磨大師の仏法を伝えたとは言っても正伝の仏法とは言えない。参学するものは、この事実を知って混乱してはならない。宋代の宗賾《そうさく》大師が『禅苑清規《ぜんねんしんぎ》』（十巻）を著し、その中に「坐禅儀」があり、百丈の古意に順《したが》ってはいるが、宗賾の私見も入っていて、それとて釈尊からの正伝の仏法という点では「多端のあやまり」や「埋没の失」がある。それでは参学者は言外の意義も分からず正伝の仏法の領域には達することはできない。そこで、私は宋土で見聞参究した真訣《しんけつ》と如浄禅師の膝下《しっか》で学んだ坐禅の真髄をまとめたのである。」（大谷哲夫全訳注『『道元「小参・法語・普勧坐禅儀」』』（講談社学術文庫）三七頁による）

（12）玉城康四郎「真理の体現者　道元」玉城康四郎編『日本の思想2　道元集』（筑摩書房）所収。

(13)「坐禅儀」は水野弥穂子校注『正法眼蔵』(岩波文庫)により、振り仮名は現代仮名遣いに改めた。『普勧坐禅儀』の書下しは鏡島元隆『道元禅師語録』による。

(14)なお、『建撕記《けんぜいき》』(永平寺第十四世建撕がまとめた道元の伝記)は道元の入宋の動機として、道元数え一五歳のときに抱いた「顕密二教ともに本来本法性、天然自性身を談ず。若しかくの如くならば、三世の諸仏、なんに依ってか、更に発心して菩提を求めんや」(唐木順三『正法眼蔵随聞記私観』(筑摩書房)「一　道元の人と思想」の書下しによる)という疑問を挙げていますが、『普勧坐禅儀』の「原ればそれ、道本円通す、争でか修証を仮らん。云々」はそれへの答と言えるでしょう。道元の悟りがその疑問にかかわるものであったことは、『普勧坐禅儀』に次ぐ撰述とされる和文の「弁道話《べんどうわ》」(一二三一年)からも窺えます。この「弁道話」は道元の立宗宣言ともいうべきものとされ、如浄から嗣法した正伝の仏法を不特定の求道者のために説いたものです(菅沼晃編『新装版　道元辞典』「弁道話」の項参照)。道元はその冒頭で、例によって、一巻の要点を示したあと、如浄に参じて「一生参学の大事ここにをはりぬ」に至るまでの発心求法の跡を簡単に辿り、撰述の所以を述べ、各論ともいうべき十八の問答形式の論述に入っていきますが、その冒頭部分には「この法は、人人の分上にゆたかにそなはれりといへども、いまだ修せざるにはあらはれず、証せざるにはうることなし。云々」とあります(「弁道話」の引用は増谷文雄『現代語訳　正法眼蔵(第八巻)』による)。

(15)この「坐禅箴」を門脇佳吉は、道元の著作群の中のみならず、禅の歴史においても、傑出した作品であるとして、極めて高く評価しています。門脇が注目するのは、それが二度にわたる示衆によって練りに練られて出来上がったものであるという点、そして更には懐鑑《えかん》以下多くの学識豊かな達磨宗《だるましゅう》の僧が道元の門下に入った時期に説かれたものであるという点です(『「正法眼蔵」参究――道の奥義の形而上学』(岩波書店)二〇一～二・二四二～三頁参照。なお、「坐禅箴」は二度示衆されたのではなく、一二四二年に書かれ、翌一二四三年に「坐禅儀」と時期を同じくして示衆されたものとする説などもありますが、どちらにしても門脇の趣旨に影響はないでしょう)。確かに、達磨宗の優秀な僧たちに説く必要性から、坐禅とは何かを述べた「坐禅箴」が練られ、さらに「坐禅儀」において坐禅の作法や心構えが改めて説かれ、ここに道元の坐禅論が一応の完成をみたと言うことができそうです。

(16)水野弥穂子校注『正法眼蔵』(岩波文庫)による。ただし歴史的仮名遣いは現代仮名遣いに改めた。

(17)そのような思惟を玉城康四郎は「身体的思惟」(前出「真理の体現者　道元」)と呼び、西谷啓治は「行道的な思惟」(「禅に於ける『法』と『人』」『西谷啓治著作集第十一巻』(創文社)所収)と呼んでいます。門脇佳吉は、道元禅の特徴を表すものとして『学道用心集』の「行解《ぎょうげ》相応する、是れ乃《すなわ》ち正師なり」(前出の玉城康四郎編『日本の思想2　道元集』所収の水野弥穂子の書下しによる）に注目し、『正法眼蔵』も「行解相応」の坐禅を教えるために書き残したもので、道元は他の禅匠以上に「解」（知恵をもってする、道理による行の根拠づけ）を重視したと考えています（『「正法眼蔵」参究――道の奥義の形而上学』三五頁参照）。

(18) 増谷文雄『現代語訳　正法眼蔵（第六巻）』による。

(19) ルドルフ・シュタイナー『ルカ福音書講義――仏陀とキリスト教』（西川隆範訳・イザラ書房）

(20) 第三講参照。特に断らない限り以下同じ。

(21) 以下の八正道の説明については、ルドルフ・シュタイナー『いかにして超感的世界の認識を獲得するか』（高橋巖訳・ちくま学芸文庫）「霊界参入が与える諸影響」にもよる。

(22) または蓮華。八正道はアストラル体の感覚器官である十六弁のチャクラを活性化させ、思考の種類や自然法則を形姿として知覚する方法であり、そのほかにも十二弁や十弁など別のチャクラを活性化させ、別の知覚を開発する方法があるとされます。なお、『人智学・心智学・霊智学』（高橋巖訳・ちくま学芸文庫）六〇頁では、十六弁のチャクラによって形成されるのは（霊視感覚ではなく）霊聴感覚だと述べられており、シュタイナーの説明に食い違いがみられますが、ここでは霊的感覚という以上の詳しい考察は必要ないと思われます。

(23) シュタイナーは『人智学・心智学・霊智学』で、判断という人間の働きについて詳細に論じています。

(24)『自由の哲学』『いかにして超感覚的認識を獲得するか』『神智学』(いずれも高橋巖訳・ちくま学芸文庫)による。

(25)前出『西谷啓治著作集第十一巻』所収「禅に於ける『法』と『人』」の「一」参照。

(26)門脇佳吉『禅仏教とキリスト教神秘主義』(岩波書店)「前書き」参照。

(27)ルドルフ・シュタイナー『シュタイナー　黙示録的な現代――信仰・愛・希望』(西川隆範編訳・風濤社)「黙示録へのプロローグ」参照。

(28)石井修道『道元禅師　正法眼蔵行持に学ぶ』(禅文化研究所)「附録二　なぜ道元禅は中国で生まれなかったか」参照。

(29)西谷啓治『正法眼蔵講話一　序　弁道話　上』(筑摩書房)四頁参照。

(30)『自由の哲学』「一九一八年の新版のためのまえがき」参照。シュタイナーには、哲学的思考の発展史を精神的(霊的)直観の立場から分析した『哲学の謎』(山田明紀訳・水声社)という興味深い大著もあります。

# 第三章　「身心脱落《しんじんだつらく》」考

## ――シュタイナーの視点から

## 一　身心脱落と道得《どうとく》

道元は『正法眼蔵《しょうぼうげんぞう》』「道得」の巻を「諸仏諸祖は道得なり。このゆえに、仏祖の仏祖を選するには、かならず道得也未《どうとくやまたいまだしや》と問取《もんしゅ》するなり」と始めています（1）。

ここで取り上げたいのは、道元自身の道得の問題です。道元の伝記はその大悟の経緯を次のように伝えています（2）。――早暁の坐禅で居眠りをしている僧に対して、「参禅はすべからく身心脱落なるべし、只管《しかん》に打睡《たすい》して什麼《いんも》を為《な》すに堪《た》えんや（ただ眠ってばかりいてどうするのか）」と如浄が大喝《だいかつ》するのを傍らで聞いて道元は豁然と大悟、すぐに方丈に上り焼香し、如浄にその理由を問われて「身心脱落し来《きた》る」と答えると、如浄は「身心脱落、脱落身心」と応じて道元の大悟徹底を認めた。

しかし、近年、このような言い伝えは史実ではないと指摘されています（3）。この指摘が正しいとすれば、なぜそのようなこと（伝記の虚構）が起きたのでしょうか。

「仏祖が仏祖を選するには、かならず道得也未と問取するなり」と聞かされた者は、当然ながら道元自身の道得の経緯を知りたいと思います。しかし、なぜか、『宝慶記《ほうきょうき》』（道元が如浄との丈室内でのやりとりを記録したもの）を始め、『普勧坐禅儀《ふかんざぜんぎ》』『正法眼蔵』『永平広録《えいへいこうろく》』『正法眼蔵随聞記《ずいもんき》』など道元の主要な著作や語録の中にそれを見出すことができないのです（4）。「道得」の巻でも、道元は自らのことには触れていません。大悟の経緯は道元の伝記の要所ですから、空白を埋めようとする意図が働いたのかもしれません。

他方、もし道元大悟の物語が史実であるとすると、身心脱落は如浄の言葉であって、道元自身の言葉ではないことになります。道元自身、身心脱落が如浄の言葉であることを繰り返し語っています。ところが、次にみるように、身心脱落は如浄の言葉ではないという指摘があります。

## 二　身心脱落と心塵脱落

道元にとって、身心脱落が「ついに太白峯《たいはくほう》の浄禅師《じょうぜんじ》に参じて、一生参学の大事ここにおわりぬ」（「弁道話」）と述べたその核心をなす経験であり、それを表す言葉であったことはほぼ確実です。「面授《めんじゅ》」の巻には「道元大宋宝慶元年乙酉五月一日《どうげんだいそうほうきょうがんねんいつゆうごがついちじつ》、はじめて先師天童古仏を礼拝面授す。やや堂奥《どうおう》を聴許《ちょうきょ》せらる、わづかに身心を脱落するに面授を保任《ほにん》することとありて、日本国に本来《ほんらい》せり」とあります。

他方、『道元禅師語録』の無外義遠《むがいぎおん》による「序」をみると、「日本元公禅師《にほんげんこうぜんじ》、海を截《わた》って南に来り、直《じき》にその室《しつ》に入《い》って、心塵脱略《しんじんだつりゃく》の処《ところ》に向《おい》て、生涯を喪尽《そうじん》す（日本の道元禅師は、遠く海を渡ってこの国に来り、ただちに如浄禅師の室に投じ、心塵脱略して一生参学の大事を了《お》えられた）」とあります（5）。

特に注目すべきは「心塵脱略の処に向て、生涯を喪尽す」です。「心塵脱略」を「身心脱落」に置き換えれば、いま挙げた「面授」の道元の言葉と一致します。

この一致と不一致は、『道元禅師語録』の成り立ちを考えると、非常に重要な意味をもつと思われます。

義遠は如浄の法嗣《はっす》で、如浄示寂後、『如浄語録』の編纂に加わり、これを道元に送った人物で、道元の同参です。その義遠が序を書いた『道元禅師語録』とは、道元示寂後、詮慧《せんね》・懐奘《えじょう》・義演《ぎえん》によって編集された『永平広録』十巻を、寒巌義尹《かんがんぎいん》が宋に持参して、義遠にその較正を求めたのに対し、義遠はそれがあまりに広汎であるとして、約十分の一に縮小して、自ら序と跋を撰したものです(6)。このように、義遠は道元の修行の様子もよく知り、『永平広録』もつぶさに読んでいたわけです。

この場合、少なくとも、三つのケースが考えられます。一つは、道元の身心脱落と義遠の心塵脱略が全く同じ意味である場合、二つ目は、少なくとも義遠としては心塵脱略を身心脱落と同じ意味で用いた場合、三つ目は、両者の意味が異なり、義遠もそのことを承知の上で、あえて心塵脱略を用いた場合、です。

まず、心塵脱略とよく似た心塵脱落という語句に注目したいと思います。心塵脱落は、義遠らが編集した『如浄語録』にたった一度だけ出てくるものです(7)。道元が『永平広録』

においても『正法眼蔵』等においても身心脱落を繰り返し使っていることと比べると、僅かに一度しか使われていないということは、心塵脱落が『如浄語録』の中で重要な位置を占めていないことを示すものでしょう。義遠が脱落ではなく脱略と述べたのも、心塵脱落を重視していなかったからでしょう。

義遠としては、脱落でも脱略でもよかったと思われますが、脱落も脱略も共にぬけおちることを意味する一方、略には略奪という熟語のように能動的側面があり、「心塵脱略」は「心を汚《けが》す煩悩の塵を除き去る」と解釈できることになります(8)。

道元の身心脱落と如浄の心塵脱落のどちらも知っていた義遠は、脱落と脱略だけでなく、身心と心塵も同じ意味に解釈していたからこそ、身心脱落でも心塵脱落でもなく、心塵脱略と述べたのではないでしょうか。先の三つのケースでいえば、第三のケースは当てはまらないと思われます。

他方、道元自身は、義遠が較正した『永平広録』でも『正法眼蔵』等の著作でも、義遠の心塵脱略はもちろん、如浄の心塵脱落でさえ一切用いていません。これは何を物語っているのでしょうか。

道元は、一二四二年（満四二歳）に『如浄語録』を受け取り読んでいますから、たった一度しか出てこないとはいえ、心塵脱落の語を見逃すはずがありません。道元が、心塵脱落という言葉を知っていながら、それを一度も使わなかったのはなぜでしょうか。しかも、身心脱落は随所に使っています。そこには道元の強い意図が感じ取れます。つまり、心塵脱落の否定です。

義遠にはこのような道元の意図がまったく理解できなかったのでしょう。それ故、自らが編集した『道元禅師語録』にもある身心脱落ではなく、心塵脱略を躊躇《ちゅうちょ》なくその「序」に用いることができたのでしょう。

したがって、先の三つのケースで言えば、第一のケースも当てはまらず、第二のケースのみが残ることになります。

しかし、如浄の法嗣であり、道元の同参でもあった義遠が、道元の身心脱落を理解することができなかったということは、いったい何を意味しているのでしょうか。さまざまな視点から考察し得るでしょうし、またそうすべきだと思いますが、まずは身心脱落を自己の視点から考えてみたいと思います。

## 三　身心脱落と自己

道元は身心脱落としか言わず、逆に如浄は心塵脱落としか言わない、しかも道元は身心脱落を如浄の言葉だとしている、ということから考えられる可能性の一つが道元の聞き違い説です。浙江方言では心塵脱落と心身脱落の発言が極めて近いことから、道元が聞き誤ったというのです。しかも、真福寺所蔵の草稿本「大悟」にある、しかし一般に知られる修訂本「大悟」では削除されてしまった箇所には、心身脱落が身心脱落と共に使われており、それが道元が『如浄語録』を手にする前に示衆されたものであることも、この説を支持する材料と考えられています(9)。

確かに、このような聞き違い説によって、いくつかの疑問が解消します。その一つは、道元が如浄の言葉とする身心脱落がどうして『如浄語録』に見られないのか、という疑問です。義遠が道元の語録にはない心塵脱略という語を使ったのも、義遠は如浄から身心脱落という語を聞いたことがなかったことを示唆するものでしょう。

しかし、それでも疑問は残ります。例えば、『宝慶記』をみると、如浄も道元も心身脱落とは言っていません。心塵の発音が心身だけでなく身心とも聞き誤るようなものなのか、たとえそうだったとしても、双方が誤解したまま長期にわたる親密な遣り取りが成り立つとは考えられません。

いずれにしても、道元にとっては心塵脱落でも心身脱落でもなく、身心脱落でなければならなかったことは明らかです。「面授」の巻の「わづかに身心を脱落する」には既に触れましたが、道元の立宗宣言ともされる「弁道話」でも、使われているのは身心脱落であって心身脱落ではありません。

道元の身心脱落が心塵脱落と異なることは、身心脱落から脱落身心への転換の重要性を考えるとさらに明確になると思われます（10）。心塵脱落では、脱落心塵への転換は意味をなさないでしょう。

また、既にみたように、心塵脱落が如浄の教えの中で、道元の身心脱落のような重要性を有していなかったことも、留意すべき点です。

したがって、重要なのは、それが聞き違いであったかどうかに関わらず、そのようなマイナーな心塵脱落という言葉に道元が反応し、あるいはヒントを得て、ついに大悟に至ったということではないでしょうか。つまり、道元には、同参の義遠とは異なり、心塵脱落に着目すべき特別の背景があったと思われるわけです。

その背景とは何かと言えば、それは道元入宋《にっそう》の動機です。伝記によれば、道元が直面したのは、「顕密二教ともに本来本法性、天然自性身《てんねんじしょうしん》を談ず。若《も》しかくの如くならば、三世の諸仏、なんに依ってか、更に発心して菩提を求めんや」（11）という疑問です。

道元の大悟がこの疑問に関わっていたことは、道元の初期の著作からも窺えます。例えば、『普勧坐禅儀』は、「原《たず》ぬれば夫《そ》れ道本円通《えんづう》す、争《なん》ぞ修証《しゅしょう》を仮《か》らん、宗乗《しゅうじょう》自在なり、何ぞ功夫《くふう》を費《ついや》さん。況《いわ》んや全体迥《はる》かに塵埃《じんあい》を出《いで》たり、孰《たれ》か払式《ほっしき》の手段を信《の》べん。大都《おおよそ》当処を離れず、豈《あ》に修行の脚頭を用いん者ならんや（そもそも、真実の道は本来何不足なく備わり、あらゆるところに通達しているものです。修行や、修行によって得る実証を必要とするものではありません。われわれをそっくり乗せている真実は、自在なもので、われわれの努力を要するものではありません。ましての真実の全体は、迷いの世界をすっかり抜け出ています。菩提《さとり》を明鏡にたとえ、煩悩《まよい》を塵埃《ちり》にたとえて、常に払拭《ぬぐ》いなさいと言った人もありますが、一切が真実ですから、払拭おうにも手のほどこしようがないのです。大体、真実は、たった今のこの事実を離れた問題ではないのです。どうして修行だといってあちこち歩き回る必要がありましょう）」⑿と書き出されています。

これは道元入宋時の疑問によく対応しています。そして道元は、すでにこの部分で心塵脱落（略）と身心脱落との違いに触れています。義遠の心塵脱略は、まさしく、菩提《さとり》を明鏡にたとえ、煩悩を塵埃《ちり》にたとえて、常に払拭《ぬぐ》いなさいと言うことに当たると思われますが、道元はそれを否定しています⒀。

そして、冒頭部分の締めくくりとして、「所以《ゆえ》に須《すべか》らく尋言逐語の解行《げぎょう》を休すべし、須らく回光返照《えこうへんしょう》の退歩を学ぶべし。身心自然《しんじんじねん》に脱落し、本来の面目現前せん。什麼《いんも》の事《じ》を得んと欲《おも》わば、急ぎ什麼の事を務むべし」と道元は述べています。

回光返照の退歩を学ぶとは、自己の正体（『正法眼蔵随聞記』巻三）を明らめるということです。そうすれば、身心が自然に脱落して、本来の真実が現前するというのです。道元の身心脱落は回光返照と結びついていることが分かります。したがって、道元の身心脱落は、心塵脱落の「心（主）とその対象である塵（境）の両方の対立がなくなること」といった側面とも違うでしょう(14)。

以上のように、道元の身心脱落は心塵脱落とは明らかに異なっており、それは道元入宋の理由に関わる、道元独自の悟りを示すもの、あるいは道得の言葉であったと考えられます。しかし、その場合、道元はなぜ身心脱落を如浄の言葉としたのか、という疑問が残ります。これまでの検討からも、単なる聞き違い説に戻るわけには行きません。

そこで、次のような解釈が出てくることも頷《うなず》けます。「道元禅師の伝えた如浄は、如浄にないものを禅師が勝手に理想化して伝えたという意味ではなく、禅師によって伝えられた如浄は、中国宋朝禅のもつ歴史的伝統と社会的背景にまったく無縁なわが道元禅師と如浄との出会いをとおして、如浄の中から呼び起こされた如浄であるという意味」であり、「如浄の『心塵脱落』を道元禅師は『身心脱落』と受けとめたと理解して一向に差し支えないと思う。」(15)

道元が身心脱落として受けとめたのは「自己の正体」だと考えられます。「現成公案」の巻には次のような有名な一節があります。「仏道をならうというは、自己をならうなり、自己をならうというは、自己をわするるなり、自己をわするるというは、万法に証せらるるなり。万法に証せらるるというは、自己の身心、および他己の身心をして脱落せしむるなり。」これは先の『普勧坐禅儀』の一節と符合しています。「自己をならう」は「回向返照」です。「自己をわするる」は「身心自然に脱落し」です。「万法に証せらるる」は「本来の面目現前せん」です。

自己は身心です。自己としての身心は心塵と言い換えることはできません。振り返ってみると、入宋の理由とされる道元の疑問も自己の問題であったと言えるでしょう。

この自己の問題と密接な関係にあると思われるのが、先に触れた身心脱落から脱落身心への転換です。心塵脱落には脱落心塵に転換する契機がなく、道元の身心脱落は自己において心塵脱落と根本的に異なっていると思われます。

## 四　身心脱落と信

道元は「弁道話」の巻で「おおよそ心《こころ》に正信《しょうしん》おこらば、修行し参学すべし。しかあらずば、しばらくやむべし。むかしより法のうるおいなきことをうらみよ」と述べています。当惑する人が多いのではないでしょうか。

当惑の理由は大きく二つあります。一つは、「しかあらずば、しばらくやむべし」という、にべもない言葉です。信じることができないならしばらくやめておけ、というのです。さらに困るのは「むかしより法のうるおいなきことをうらみよ」です。この「昔より」は以前からとか子供の頃からというのではなく、前世のことです。つまり、信じることができるかどうかは前世からの因縁によるので、その因縁を恨むしかない、と言っているのです。これではもうまったくお手上げです。意外にも道元は前世や輪廻にしばしば言及しています。

後半の問題は次の五節で改めて取り上げることにして、ここでは信の問題を考えてみます。道元が信を非常に重視していることは、その教えの注目すべき特徴とみられます(16)。『学道用心集』には次のようにあります。「仏道を修行する者は、先ず須《すべか》らく仏道を信ずべし。仏道を信ずる者は、須らく自己本《もと》より道中に在《あ》って迷惑せず、妄想せず、顛倒せず、増減無く、誤謬無しということを信ずべし。」(17)

これによって、本節冒頭の「正信」は仏道への信であることが分かります。また、この信が単に「まず何が何でも仏道を信じなさい」(18)という意味ではないことは、「しかあらずば、しばらくやむべし」によっても明らかです。

「自己本より道中に在」ることを信じるということは、要するに「自己」を信じるということです。「現成公案」の巻には、さらに端的に、「仏道をならうというは、自己をならふなり」とありました。

このような自己への信は、「仏の活《はたら》きは内在するから、本来どんな人にも親しい存在なのであり、取り立てて信じよと言わなくても、素直に生きていけば、自ずから信は内から起こってくる」(19)ということではないでしょう。「むかしより法のうるおいなきことをうらみよ」といわれる前世の因縁が厳然としてあるわけですから。

しかし、自己への信は、それがなくては、人は一言も発することができず、一歩も動くことができません。自己を疑うとしても、疑う自己を信じないわけにはいかないからです。仏道への信が自己への信になることによって、私たちは道元ににべもなく突き放されずにすむでしょう(20)。

『学道用心集』では、先の引用に次いで、信が生じた人の修行のあり方が、「意根(心のはたらきの起こる根源)を坐断《ざだん》して、知解《ちげ》の路に向わざらしむ。是れ乃《すなわ》ち初心を誘引する方便なり。其の後身心を脱落し、迷悟を放下する、第二の様子なり」と述べられています。「坐断」は坐禅によって断ち切ることで、「意根を坐断」するは「現成公案」の「自己をわするる」に当たると考えられます。この部分だけを取り上げれば、それは臨済宗で説かれる「大死《たいし》」に相当し、「自己をわするるというは、万法に証せらるるなり」と「大死一番《たいしいちばん》、却《かえ》って大活《たいかつ》す」は、強調点の相違はあっても、基本的に意味は同じであると言えるでしょう(21)。

しかし、道元の場合は、最初から最後まで自己への信に貫かれています。わすれるべき自己は、ならうべき自己であり、信ずべき自己です。「身心を脱落し、迷悟を放下」して、「忽然《こつねん》として道を見ることを得」ても、道元の自己への信は、それが仏道への信である以上、深まりこそすれ無くなることはないでしょう。身心を脱落してなお残る自己とは誰であり、信とはいったい何への信なのでしょうか。

## 五　身心脱落と身心一如

身心脱落と心塵脱略(落)との関係について鏡島は、身心不二の立場からして、両者は結局同じこと帰するが、心塵脱略は心を清めることに重点がおかれ、身心脱落は身を整えることに重点がおかれており、如浄における心塵脱略が道元によって身心脱落へと深化されたとみるべきである、と述べています(22)。

確かに、道元の身心脱落は身心不二(一如)と一体です。「弁道話」の巻には「しるべし仏法にはもとより身心一如にして、性相不二《しょうそうふに》なりと談ずる」とあります。

これは「心常相滅《しんじょうそうめつ》の邪見」を批判して述べられたものですが、岸澤は、身心一如と性相不二は同じ意味であり、性は心のこと、相は身のこと、仏性と万象と二つあってそれが一つだというのではなく、身のときは身きりであって心はいわず、心のときは心ぎりであって身をいわない、性というときは仏性きりであって万象をいわず、相のときは万象きりであって仏性をいわない、と説明しています(23)。

しかし、これだと、「仏道をならうというは、自己をならうなり」の「自己」の問題がどこかに行ってしまいます。また、道元に「しばらくやむべし。むかしより法のうるおいなきことをうらみよ」と突き放された正信なき者のその後が気になります。

身心脱落の問題から自己が消えてしまうのは、道元自身の矛盾にその原因があると思われます。それは、前世あるいは三世（前世・現世・来世）のことを述べながら、次のように輪廻を否定するからです。「かの薪《たきぎ》はいとなりぬるのち、さらに薪とならざるがごとく、人のしぬるのちさらに生《しょう》とならず、しかあるを（「しかあれば」の意）生の死になるといわざるは、仏法のさだまれるならいなり、このゆえに不生《ふしょう》という。死の生にならざる、法輪のさだまれる仏転なり、このゆえに不滅という。生も一時のくらいなり、死も一時のくらいなり、たとえば冬と春とのごとし。冬の春となるとおもわず、春の夏となるといわぬなり。」（「現成公案」）

しかも、道元は、意外なことに、中有《ちゅうう》（死んでから次の生を受けるまでの時期）のことを繰り返し、しかも比較的詳しく述べています(24)。岸澤は、中有にいるときは中有に甘んじて、中有の位を全うせよという意味に解釈していますが(25)、中有の位にいるのは何者かが問題です。

また道元自身、五百生の善知識とされているのですから(26)、その五百生の道元とは何ものなのかが問われねばなりません。

実は、身心一如と性相不二は同じ意味ではないと思われます。もし同じ意味に捉えるとすれば、身心ではなく心身でなくてはならないでしょう。「性相」は「自己」の問題ではありませんが、身心は身心脱落の身心であり、それは「仏道をならうというは、自己をならうなり」といわれるその自己の問題だと考えられます。

そして、身心脱落とは身心一如としての自己を脱落することであり、一旦それを忘れて、新たな自己に蘇ることを意味するでしょう。蘇った本来の自己（正体としての自己）もなお身心一如といえるかどうかが問題です。

道元の身心脱落には「仏法のさだまれるならい」ないし「法輪のさだまれる仏転」（「現成公案」）と矛盾するもの、あるいはそれを超えようとするものがあるように思われます。

＊

既に紙幅も尽きました。本稿は一般の現代人が道元に学ぼうとするささやかな試みです。その意味で、最後に、道元の今日的重要性に触れておきたいと思います。それは、なぜ道元が身心脱落を如浄に帰したのか、という問題にも関わることです。

道元は正伝の仏法を標榜しました。それは独自性ではなく、普遍性ないし根源性を追究しようとする姿勢です。『正法眼蔵』の中には経文にもないことがたくさんあるということも(27)、『正法眼蔵』全体が道元独自の説の展開であり(28)、いわば道得であるということも、その結果だと思われます。

また、普遍性とは歴史性ないし時代性でもあります。逆説でも何でもありません。身心脱落から脱落身心への転換の意味もこの点に関わっており、道元が本質的に書く仏教者、筆談の人であったといわれることも(29)、道元の今日性を示すものと思われます。

なお、紙幅の節約と読みやすさを考慮して、ここまで副題に掲げたシュタイナーに言及しませんでしたが、拙稿は筆者が理解したシュタイナーの視点に基づいています。関心のある方は拙著『道元とシュタイナー』（ないし本書の他の章）で補って頂ければ幸いです。

**[第三章の注]**

（1）本論では、特記しない限り、岸澤惟安『正法眼蔵全講』（大法輪閣）により、漢字は新字体に、旧仮名遣いは現代仮名遣いに改めた。

（2）石龍木童訳註『現代語訳　建撕記図絵』（国書刊行会）、菅沼晃編『新装版　道元辞典』（東京堂出版）による。
（3）石井修道『道元禅師　正法眼蔵行持に学ぶ』（禅文化研究所）四八六～四八七頁参照。
（4）道元記とされる「天童如浄禅師続語録跋」に同様の記述が見られるものの、この「跋」は道元の真撰ではないことが論証されており、『如浄禅師続語録』自体も後代の偽撰の可能性があるという（石井、同前）。
（5）鏡島元隆『道元禅師語録』（講談社学術文庫）による。現代語訳は鏡島訳を一部変更。
（6）以上、同前、鏡島の「解題」および「序」の「語義」による。
（7）石井、前出、四九〇頁参照。
（8）鏡島、前出、一七頁参照。
（9）石井、前出、四八七～四九〇頁参照。また『正法眼蔵随聞記』（巻三）でも、道元が改めて方言を学び直さねばならなかったことに触れている。
（10）この転換の重要性については岸澤が『全講』の随所で強調している。
（11）唐木順三『正法眼蔵随聞記私観』（筑摩書房）「一　道元の人と思想」による。
（12）玉城康四郎編『日本の思想2　道元集』（筑摩書房）所収・水野弥穂子の書下しと現代語訳による。
（13）注目すべきことに、『宝慶記』で如浄が説く身心脱落と別のところで道元が説く身心脱落との間にも違いがあります。『宝慶記』には、「堂頭《どうちょう》和尚示して曰く、参禅は身心脱落なり。焼香、礼拝、念仏、修懺（しゅさん）、看経を用いず、祇管（しかん）に打坐（たざ）するのみなり。拝問す、身心脱落とは何ぞや。堂頭和尚示して曰く、身心脱落とは坐禅なり。祇管に坐禅する時、五欲を離れ、五蓋《ごがい》を除くなり。拝問す、若し五欲を離れ、五蓋を除くとならば、乃《すなわ》ち教家《きょうけ》の談ずる所と同じ。即ち大小両乗の行人為《ぎょうにんた》る者か。堂頭和尚示して曰く、祖師の児孫は強《しい》て大小両乗の所説を嫌うべからず。（中略）堂頭和尚示して曰く、若し三毒五欲等を除かずんば、瓶沙《びんしゃ》王国、阿闍世《あじゃせ》王国の諸《もろもろ》の外道の輩《ともがら》に一如《いちにょ》ならん。仏祖の児孫は、若し一蓋、一欲だにも除かば、即ち巨益なり。仏祖と相見の時節《しょうけん》なり。」「祇管に打坐して功夫を作《な》し、身心脱落し来《きた》るは乃《すなわ》ち五蓋五欲等を離るる術《すべ》なり。」とあります。これに対して、道元は傍点の箇所のみを『正法眼蔵』の「弁道話」「行持（下）」「仏経」「三昧王三昧」などの諸巻で取り上げています。如浄の場合は、引用から明らかなように、重要なのは身心脱落ではなく、五欲五蓋を除くことであり、祇管打坐と身心脱落はそのための手段です。しかし、道元は、身心脱落と祇管打坐の部分だけを取り上げ、五欲五蓋に関する部分は無視しています。如浄と道元の理解の違いは、『学道用心集』の「道に向って修行すべきこと」に、「身心を脱落し、迷悟を放下する」とあることからも分かります。以上のように、身心脱落が如浄の言葉であったとしても、それは心塵脱落（略）に近い意味であり、道元の身心脱落とは異なるものと思われまず（引用は水野弥穂子『現代語訳・註　道元禅師宝慶記』（大法輪閣）及び玉城編『道元集』所収、水野弥穂子による書下し『学道用心集』による）。

（14）引用は石川力山編著『禅宗小事典』（法蔵館）「心塵脱落」の項より。「自証三昧」の巻においても、自他の脱落は自己の脱落によるのであり、あくまでも「仏祖の大道に、自証自悟の調度あり」という観点が貫かれているものと思われます。

（15）石井（前出、四九〇頁）による鏡島元隆『天童如浄禅師の研究』（春秋社）の引用。

（16）西谷啓治『正法眼蔵講話二　弁道話下』（筑摩書房）六一～六四頁、門脇佳吉『「正法眼蔵」参究――道の奥義の形而上学』（岩波書店）五三～五四頁など参照。

（17）前出、水野弥穂子による書下し。

（18）同前、水野の現代語訳。

（19）門脇、前出、五二頁。

（20）その場合でも、「まれに人間の身心を保任せり、古来の弁道力なり」（「仏道」）とあるように、人間に生まれたこと自体が前世の因縁によるというのが道元の立場。

（21）門脇、前出、一二四～一二五頁参照。

（22）鏡島、前出、二九頁参照。

（23）岸澤『全講第一巻』三九〇～三九一頁参照。

(24)例えば「道心」。

(25)岸澤『全講第二巻』一一七頁参照。

(26)例えば、岸澤『全講』の第二巻六〇頁、第九巻四〇・三四九・三七六・七二二頁、第二十巻三四五・四〇八〜四〇九頁、第二十二巻三三四頁など参照。

(27)岸澤『全講第二十巻』三四五頁参照。

(28)石井、前出、五七一頁参照。

(29)上田閑照・柳田聖山編『大乗仏教〈中国・日本篇〉第二十三巻　道元』(中央公論社)、柳田による解説参照。

# 第四章　「脱落身心」考

## ――シュタイナーの視点から

西田幾多郎はその最後の完成論文「場所的論理と宗教的世界観」で次のように述べています(1)。「私は我々の自己と絶対者との関係において、相反する両方向を認めることができるという。そこにキリスト教的なものと、仏教的なものとの二種の宗教が成立するのである。しかし抽象的に単にその一方の立場にのみ立つものは、真の宗教ではない。」

西田が問題にするのは「キリスト教的なもの」と「仏教的なもの」のどちらか一方に抽象的に偏る立場です。

単に抽象的なキリスト教的なものとは「単に超越的なる神」を戴くものであり、真の神は「愛の神」でなければならない、と西田はいいます。では、「愛」とはどのようなものか。それは「絶対者の自己否定」ということでなければならない、と。

絶対者の自己否定とは単なる自己否定ではなく、愛となって我々を包み内から支えるということです。我々の真に心の底から出てくる当為というものは、「我々の自己が絶対愛に包まれるということ」によるのである。人の愛は神の愛に包まれ裏付けられて初めて生まれるのである。「愛というのは、本能的ということではない。本能的なるものは、愛ではない。私欲である。真の愛というのは、人格と人格との、私と汝との矛盾的自己同一的関係でなければならない。絶対的当為の裏面には、絶対の愛がなければならない。」

このように、西田は真のキリスト教の神は単なる超越的な神ではなく、我々の自己との間に矛盾的自己同一的関係が成り立つ神でなくてはならない、と述べています。仏教的にはいえば、「仏の悲願の世界から、我々の自己の真の当為が出て来る」ということです。

ここで重要なのは、矛盾的自己同一的関係における矛盾的ということだと思われます。この矛盾的ということがなければ、それは単なる「自他一」になってしまいます。この単なる自他一が、キリスト教的な立場における真の宗教ではないもの（すなわち単に超越的な神をいただくもの）の対極をなす抽象的に一方に偏った仏教的なものと考えられます。

まとめますと、自己と絶対者との関係においてキリスト教的なものと仏教的なものという二つの方向があり、前者においては単なる超越的な神に、後者においては単なる自他一に、それぞれ抽象的に一方に偏ると、真の宗教ではなくなってしまう。真の宗教としてのキリスト教的なものは、我々の自己との間に矛盾的自己同一的関係が成り立つ神の愛に、同じく仏教的なものは仏の悲願に、それぞれ裏付けられたものでなければならない、ということになるでしょう。

しかし、西田はキリスト教的であれ仏教的であれ宗教が抽象的になる可能性が別にもう一つあると指摘しています。キーワードは「創造的」です。「すべての価値は創造的価値から考えられる」というのがこの場合の西田の立場です。創造的とは「真に歴史的世界創造的」「真に現実的」という意味です。「（絶対愛の世界は）互に相敬愛し、自他一となって創造する世界である。…創造はいつも愛からでなければならない。」「念仏の行者は非行非善的である、ひとえに他力にして自力を離れたる故にという。自然法爾《じねんほうに》ということは、創造的でなければならない。我々の自己が創造的世界の創造的要素として、絶対現在の自己限定として働くということでなければならない。」

自力を離れた他力たる自然法爾こそが創造的ということであり、そこには自由への転換があります。創造的とは「絶対自由の立場」「真の自由意志の立場」のことでもあります。それは「絶対的一者の自己否定的に個別的多として成立する我々自己の、自己否定即肯定的に、自己転換の自在的立場」です。この自由ということがなければ、創造的ということはあり得ず、歴史的ということも現実的ということもないわけです。

しかし、「その源泉を印度に発した仏教は、宗教的真理としては深遠なるものがあるが、出離的たるを免れない。大乗仏教といえども、真に現実的に至らなかった」というのが西田の認識でした。

その中で西田が期待したのが親鸞の仏教です。「日本仏教においては、親鸞聖人の義なきを義とすとか、自然法爾とかいう所に、日本精神的に現実即絶対として、絶対の否定即肯定なるものがあると思うが、従来はそれが積極的に把握せられていない。」

未だ積極的に把握されていないと西田のいう親鸞の仏教の可能性とは、要するに、我々の自己が創造的世界の創造的要素として、歴史的世界の創造に意識的・積極的に参加するということです。「悲願の他力宗は、今日の科学的文化とも結合するのである。しかのみならず、今日の時代精神は、万軍の主の宗教よりも、絶対悲願の宗教を求めるものがあるのではなかろうか。」万軍の主の宗教とは中世的なキリスト教的なものを指し、今日の時代精神あるいは創造的歴史的世界は真の親鸞の仏教の方を求めているのではないか、というのです。

それは「私は将来の宗教としては、超越的内在より内在的超越の方向にあると考えるものである」「新しいキリスト教的世界は、内在的超越のキリストによって開かれるかもしれない」ということです。

親鸞の教えの現実的歴史的側面が未だ積極的に把握されていないという指摘については、往相《おうそう》・還相《げんそう》の二種回向《えこう》に注目しますと、往相回向は西田のいう出離的側面ですから、問題は還相回向の側面がはたして現実的歴史的であるかどうかです。還相回向とは浄土からこの穢土《えど》に還って衆生を救う、あるいは衆生と苦悩を共にすることだとしますと、その穢土や衆生がはたして西田のいう創造的世界や創造的要素として積極的に把握されているかどうか。一九四五年六月七日に没する西田の脳裏には戦争の現実があったはずです。没後、終戦の翌年一九四六年に発表された「場所的論理と宗教的世界観」を結ぶ言葉「私は此《ここ》から浄土真宗的に国家というものを考え得るかと思う。国家とは、此土において浄土を映すものでなければならない」には西田の祈りが感じられます。

他方、シュタイナーもまた仏教は非時間的・非歴史的な教えだと見ていました(2)。シュタイナーは、『バガヴァッド・ギーター』に登場するクリシュナは釈迦牟尼の先駆者であり、その教えは世界の一つの時代の終結を示す一方、釈迦牟尼はクリシュナの最後の後継者であり、その教えはクリシュナに回帰する道を示すもので、四諦・四苦八苦・八正道などもクリシュナの教えであって、釈迦牟尼独自の教えではないとして、次のように述べています。――釈迦牟尼の教えの特徴はクリシュナへの回帰であり、それは洗礼者ヨハネの教えがイエス・キリストの先駆をなしているのと対照的である。クリシュナの教えとは、太古の霊視能力が人類から失われ始めたとき、太古の霊視の財宝が保持されるよう啓示されたものである。バガヴァッド・ギーターの言葉は古代の霊視的世界観を締めくくるものと捉えるとよく理解できる。そこで語られている私(個我)という言葉は、現代人が意味する通常の個我ではない。それは我々の内にあるだけでなく、宇宙全体と一体をなす超感覚的な高次の個我、つまり人間の真の本質を指している。クリシュナの言葉を理解するには、現代人の抽象的な感覚や認識ではなく、古代人の感覚や認識から出発しなければならない。そのクリシュナの啓示には、現実的な要素としての時間が組み入れられておらず、繰り返しがあるだけである。しかし、個々の人生において時間が現実的な役割を果たすように、人類全体においても時間は現実的な要素としてその役割を果たしている。東洋は非歴史的で、世界を非歴史的に観照する一方、西洋は歴史的である。旧約聖書が語る宇宙の創造は人類の歴史へと続く。宇宙の創造が語られない東洋にあるのは、直物の経過のような繰り返しと抽象的な一なる者に向かう非歴史的考察である(3)。

以上のように、一般的に仏教ないし東洋の思想が非現実的・非歴史的であるという点で西田とシュタイナーの認識は基本的に一致しています。

道元の仏教も、西田が特には期待を寄せなかったように、やはり非現実的・非歴史的といえるのでしょうか。確かに、身心脱落・脱落身心の身心脱落は一ないし空の方面であり、非歴史的ということができるでしょう。それでは、多ないし色の方面の脱落身心はどうでしょうか。

## 一　身心脱落から脱落身心へ

身心脱落は道元の大悟の契機となった言葉とされ、しばしばその前後を入れ替えた脱落身心と一緒に、身心脱落・脱落身心という使われ方がなされます。伝記には次のように記されています(4)。——道元は、如浄が坐睡している僧を懲らしめて言った「夫《そ》れ参禅は身心脱落なり、只管《しかん》に打睡《たすい》して作麼《なに》かせん」という言葉を傍らで聞いて豁然《かつぜん》として大悟し、ただちに方丈に上って焼香礼拝した。如浄に礼拝のわけを聞かれて道元が「身心脱落し来る」と答えると、如浄は「身心脱落、脱落身心」といって印可した。

ところが、宗学の権威、岸澤惟安は次のように述べています(5)。――『正法眼蔵』の中の大切な巻は弁・現・仏(「弁道話」「現成公案」「仏性」)だと言われるが、身心脱落は弁・現・仏の三巻で達することができても、脱落身心はできない。「行仏威儀」に至ってはじめて脱落身心にいたることができる。身心脱落と脱落身心とがまことに円満にかねそなわった仏祖がた、それが「行持」の巻に出ておられる仏祖がただ。その「行持」の巻に出ておられる仏祖がたは、みな「行仏威儀」のお方であって、弁・現・仏だけのお方は出ておられない。これはよほど注意しなくてはならない。これまでの師家《しけ》は、先師(西有穆山《にしありぼくざん》)をはじめ、(岸澤が本師西有禅師の許を得て随身した)丘宗潭《おかそうたん》老僧も、弁・現・仏の三巻のことだけを言われて、「行仏威儀」の巻や「行持」の巻との関係を述べられたお方が見あたらないが、「行仏威儀」の巻がなければ、わしどもは真実の道人ということはできない。

もし、これが、道元は身心脱落と脱落身心を一気に悟ったのではないという意味だとすると、先のような道元大悟の伝記は史実ではないとする見解を支持することになります(6)。

確かに、九五巻本『正法眼蔵』に他の作品も加え作成年次順に列挙してみると、身心脱

落は道元の初期の作品から見えますが、脱落身心は登場するまで少し時間がかかっていま
す。

〈身心脱落が登場する作品〉（年次順に途中まで）
『宝慶記《ほうきょうき》』（如浄に特別許されて行われた方丈における参学の記録）、『普勧坐禅儀』（一二二七年、宋より帰国後ただちに書かれた最初の作品といわれ、一二三三年に道元自身によって清書された自筆本と成立過程が明らかでない流布本が伝わる）、「弁道話」（一二三一年）、「現成公案」（一二三三年）、『学道用心集』（一二三四年頃、弟子懐奘《えじょう》によって現存のような形にまとめられたといわれる）、『正法眼蔵随聞記』（一二三五～八年にかけて懐奘が筆録したものとされる。「身心脱落」ではないが「身心を放下する」が幾度かみられる）、「行持」（一二四二年）、「密語」（一二四三年）、「仏経」（一二四三年）、「無情説法」（一二四三年）、「面授」（一二四三年）、「遍参」（一二四三年）、「優曇華」（一二四四年）、「三昧王三昧」（一二四四年）、「自証三昧」（一二四四年。「自他を脱落」「自己を脱落」がある）

〈脱落身心が登場する作品〉（年次順に途中まで）
「礼拝得髄」（一二四〇年）、「坐禅箴」（一二四二年）、「葛藤」（一二四三年）、「仏経」

（一二四三年。「脱落の看経」がある）、「遍参」（一二四三年。「脱落遍参」がある）、「優曇華」（一二四四年）、「春秋」（一二四四年）

「弁道話」「行持」「仏経」「遍参」「三昧王三昧」の諸巻には、「宝慶記」の如浄の言葉「参禅は身心脱落なり。焼香、礼拝、念仏、修懺《しゅさん》、看経《かんきん》を用いず、只管に打坐するのみなり」が引用されており、「仏経」「遍参」「優曇華」の諸巻には、身心脱落と脱落身心（あるいはそれに類する語句）が共にみられます。

これは今回ざっと調べた限りのもので見落としがあるかもしれませんが、身心脱落から脱落心身に向かったとすると、疑問が出てきます。すなわち、「仏性」と「行仏威儀」の巻は同じ一二四一年一〇月に相前後して作成されたと見られていますので、そのような短期間に決定的な発展があったとすれば、何が契機になったのか。さらには、脱落身心が最初に登場するのは「礼拝得髄」（一二四〇年）で、これは「仏性」や「行仏威儀」より前の作品です。また、「仏性」と「行仏威儀」にも「行持」（一二四二年）にも、語句としては身心脱落も脱落身心も見られないことにも留意すべきでしょう。

以上のようなごく表面的な考察によっても、岸澤が単純に身心脱落から脱落身心へという時間的発展を指摘したのではないことは明らかです。しかしながら、岸澤の解釈には時間的要素が組み込まれていることも確かです。

そこで、身心脱落と脱落身心との違いに目を向けて、岸澤の指摘の意味をもう少し深く考えてみたいと思います。

## 二　身心脱落と脱落身心との違い

岸澤の論述は親切かつ明快です。身心脱落（『般若心経』でいえば色即是空）と脱落身心（空即是色）には次のような違いがあり、両面が備わって初めて円満なる真の解脱の人ということができるというのです(7)。

〈身心脱落の面〉

「諸仏のつねにこのなかに住持《じゅうじ》たる、各各《かくかく》の方面に知覚《ちかく》をのこさず」、「出路に一如を行ずるなり」

〈脱落身心の面〉

「群生《ぐんじょう》のとこしなえにこのなかに使用する、各各の知覚に方面あらわれず」、「証上に万法をあらしめ」

これを見ると、すでに「弁道話」の巻に身心脱落と脱落身心の両面が説かれているのですから、弁・現・仏から「行仏威儀」へと、単純に時系列的に考えられているわけではないことは明らかです。身心脱落は自己修養・上求菩提《じょうぐぼだい》の面、脱落身心は衆生済度・下化衆生《げけしゅじょう》の面でもあります(8)。

岸澤は自覚・覚他（自己を自覚し、他人をして自覚せしめる）という言葉も使っていますが、「弁道話」はそもそも覚他を目的にしたものです。また、それは「弁道話」に限らず『正法眼蔵』全体に、さらには帰国後の道元の活動全体に言えることです。「弁道話」に「ついに太白峯の浄禅師に参じて、一生参学の大事ここにおわりぬ。それよりのち、大宋紹定《じょうてい》のはじめ、本郷にかえりし。すなわち弘法救生《ぐほうぐしょう》をおもいとせり。なお重担をかたにおけるがごとし」とあるとおりです。

したがって、身心脱落即脱落身心です。その意味で、伝記が語る道元大悟の経緯は、史実であるか否かは別にして、ことの本質を捉えていると思われます。

それでもなお、身心脱落と脱落心身を分けて考える必要があり、道元もまたどちらかの面を強調して説いたとすれば、あるいは身心脱落から脱落身心へという方向性または時間的要素があるとすれば、それは現代という時代とどのように関係するのでしょうか。

## 三　脱落身心と事々無礙法界

岸澤は、「弁道話」の「いまおしうる功夫弁道は、証上に万法をあらしめ、出路《しゅつろ》に一如《いちにょ》を行ずるなり。その超関脱落《ちょうかんだつらく》のとき、この節目《せつもく》にかかわらんや」を挙げ、この一段を説きひろげたのが正法眼蔵九十五巻であり、さらには一代蔵経五千余巻もこの一段の意よりほかにはないし、そもそも世間そのものがそのようになっていると述べています(9)。

先にみたように、「証上に万法をあらしめ」は脱落身心であり、空即是色の面、「出路に一如を行ずるなり」は身心脱落であり、色即是空の面、というのが岸澤の解釈です。問題は「その超関脱落のとき、この節目にかかわらんや」です。岸澤は「超関脱落のとき」を「関捩子《ねじ》のはずれたところ」と説明していますが、それは色是色・空即空のところです(10)。

「証上に万法をあらしめ、出路に一如を行ずるなり」は脱落身心・身心脱落であり空即是色・色即是空、それはすなわち理事無礙法界のことであり、そのときすでに事のほかに理なく、理のほかに事なしであるから、事事無礙法界・理理無礙法界であり、それが色是色・空即空である、という解釈です(11)。

したがって、身心脱落から脱落身心へということは理理無礙法界(空即空)から事事無礙法界(色是色)へということになりますが、それは非歴史性から歴史性へということでもあるはずです。身心脱落によって歴史的現実を超え、脱落身心によって歴史的現実の中に蘇り、脱落身心によって開けた事事無礙法界において人は初めて歴史的現実と出会うのだと思われます。そして、それは歴史的創造的世界の現実における創造的要素として働くことである、というのが先にみた西田の認識でした。

そのような視点からすると、「平生の宴会の席では、大将が兵隊のなかに入ってかくれている。それが、証上に万法をあらしめ」であり、ひとたび銃声が聞こえると大将がまっ先に飛び出し、「兵隊はそのときみな大将の指揮下に入ってしまう。そのときには、出路に一如を行ずるなり」である、といった岸澤の説明には疑問が残ります(12)。歴史的創造的世界も創造的要素としての自己も見られません。

やはり、岸澤あるいは道元の事事無礙（色是色）の世界は、西田のいう歴史的創造的世界ではないのでしょうか。

## 四　脱落身心と歴史と自然法則

シュタイナーは一九一一年に「今日の霊学の内容は、浄飯王の子である菩薩が仏陀となった時に説いた東洋の霊智と変わるところはありません」(13)と述べています。これは道元の立場と同じです。

しかし、シュタイナーと道元には大きな違いがあります。それは、今日、人類は仏教とキリスト教の融合を経験しつつあるという、次のようなシュタイナーの驚くべき認識によります(14)。――今日、二つの生命の流れが作用している。一つは智の流れ、すなわち仏陀の流れで、それは智と良心と平和の崇高な教えであり、その教えを全人類の心の中に浸透させるために必要になってくるのがキリスト衝動である。それに対して、第二の流れはキリストの流れで、それは審美的感情と洞察力によって人類を智から徳へと導くものであり、そのキリスト衝動の最も偉大な師は弥勒菩薩である。彼は釈迦が悟りを開いてから五千年後、今から三千年後に弥勒仏になるまで何度も地上に受肉する。(シュタイナーが唱える)人智学の使命は諸宗教の総合であり、今日、その一つの型を仏教に、もう一つの型をキリスト教に見出すことができる。時代が進むにつれ、仏陀とキリストが私たちの心の中で結びつくように、様々な宗教が結びついて行く(15)。このような人類の霊的進化の過程において、諸文化・諸事象の理解を促すところに人智学の必要性がある。

シュタイナーは、「私たちは本来、いつでも天国の中で生きているのだ!」「不幸のどん底にいるときでさえ、そう言えなければならない」「この地上天国」と述べています(16)。

この地上天国こそ、身心脱落・脱落身心の道元の世界だと思われます。それは、「この法は、人人の分上にゆたかにそなわれりといえども、いまだ修せざるにはあらわれず、証せざるにはうることなし」(「弁道話」)という、修証一等の立場であり、自力・他力ということで言えば自他力一如の立場とも言えるでしょう。

シュタイナーは、なぜ私たちは最高の満足と最高の浄福を受け取れるはずの天国にいながら、あたかも牢獄の中に閉じ込められているかのように感じるのかという疑問に対して、それは私たちの中に受肉している存在がそれほどに小さいからである、そのことに気づけば私たちは更なる地上生活を求めざるを得なくなる、と述べています。

道元もまた繰り返し輪廻に言及していますが、特筆すべきはそれが否定的な意味においてではなく、肯定的な意味においてであるという点です。それを踏まえて初めて、「おおよそ心に正信おこらば、修行し参学すべし。しかあらずば、しばらくやむべし。むかし(前世)より法のうるおいなきことをうらみよ」(「同」)という言葉に納得が行き、道元の慈悲心を感じることができるものと思います。では、正信が起こらない人はどうすればよいのでしょうか。

シュタイナーは、肉体に閉じ込められた感覚的で心理学的な魂の領域から、超感覚的な霊の領域に進む必要があること、それには霊視・霊聴・霊的合一という段階があることを述べていますが、それは本当の自分、自分の本性を知るということです。道元も「仏道をならうというは、自己をならうなり」(「現成公案」)と述べていました。

最初の段階は霊視です。シュタイナーは、自分自身を霊視する方法として、一切の外的知覚から離れてイメージに没頭する方法と内的集中に向かう瞑想という方法に言及していますが、それよって霊視の世界に入っていくときの最初の体験はヴィジョンの体験で、霊視（ヴィジョン）の世界の中に、家や動物や人間あるいはいろいろな出来事がヴィジョン（一定の法則に則った象徴）となって見えてくる、と述べています。これは夢診断の方法と似ています。

ここで注意したいのは、「人間として不完全でありながら、霊視世界に通じている人がよくいる」「その世界に正しい意味付けを与える能力は、（物質界の中で）自分で身につけるしかない」というシュタイナーの警告です。不完全な人間が霊視世界で陥りがちな過ちとして、今のみじめな自分に耐えるために前世は歴史上の高名な人物だったに違いないと信じ込む、という例をシュタイナーは挙げています。

道元もまた「神通」巻などでいわゆる神通力について注意を促しています。一般に、次のような六神通ということが言われます。――神足通（どこにでも行ける能力）・天眼通（すべてを見通す能力）・天耳通（すべての音を聞き分ける能力）・他心通（他人の心の中を知る能力）・宿命通（自分や他人の過去世のことを知る能力）・漏尽通（すべての煩悩を滅して迷いを取り去る能力）。しかし、道元は、そのような六神通は小神通であって、惑わされてはならない、仏教が伝え来ったのは大神通である、というのです。その大神通とは小神通を可能にし、諸仏の発心・修行・菩提・涅槃を実現するものです。本稿の脈絡に引きつけて言うなら、身心脱落・脱落身心も、あるいは物質生活も霊的生活もすべて大神通において初めて成り立つということです。

さて、霊視体験で出会うのは、自分の在りよう、自分の本性であるというのがシュタイナーの忠告です。この物質世界では物事が客観的に現れ、アマガエルと象を間違えることはないが、霊視世界ではそのような間違いが起こり得るというのです。それは、霊視世界は私たちの在りよう、価値観、世界観の投影だから、というわけです。

私たちが自分の真の本性に出会うことができるのは、あらゆる努力を重ね、自分の中の醜い特質を脱ぎ捨て、自分から自由になれたときだけであり、そのためには自己批判がなければならない、他人をまったく批判しないということが何を意味するのかを学ばなくてはならない。それは、他人から加えられた物事は、実は自分自身が自分に加えたものだという、カルマの意味を知ることであり、それは自分を霊視する上で限りなく重要なことだというのです。

道元の場合でも、「自己をならうというは、自己をわするるなり」とあって、その上で初めて「万法に証せらるるなり」と言えるわけです。

シュタイナーのいうカルマが成り立つには、本稿冒頭で触れた西田の言葉を借りるなら、「絶対的一者の自己否定的に個別的多として成立する我々自己の、自己否定即肯定的に、自己転換の自在的立場」としての「絶対自由の立場」「真の自由意志の立場」が成り立たなくてはなりません。カルマの立場とは絶対自由の立場です。あるいは事々無礙の立場、脱落身心の立場とも言えるでしょう。それは自己にかかわる一切の責任を負うということです。

そのようにして、私たちが自分を霊視すると、この地上天国から無限の可能性を引き出せたはずなのに実際はほんの一部しか引き出せていない、自分はこの世にあまり役に立っていない、と感じるのであって、周囲の世界に対して、自分を偉大な、崇高な存在であると思うことはできない。そこで霊視する人間が相対するのが、この世で自分をまったく活用できずに失敗してしまう物事を訂正してくれる「文化の世界」、地上の始めから終わりに至るまでの「人類文化の進歩全体」つまり人類の歴史である、とシュタイナーの説明は続きます。――なぜ、地上の始めから終わりに至る文化世界・人類の歴史と、誕生から死に至るこの人生・霊視に現れる人間とが対比されるのか。それは、私たちは一回限りの人生では達成できないものを、転生を重ねることによって、地上の文化の発展過程のなかで達成しなければならないからである。人は一回の人生ではわずかなものにしかなりえないが、常に新たな人生を願い求めることによって、一回の人生ではなりえないものになることができる。私たちはこの世で本来どんな人間であり得るのか、それが実感をもって認識できたなら、死の門を通るとき、私たちは一回限りの人生では達成できなかったものを達成したい、地上の文化生活の中に何度でも生まれ変わりたい、と思うだろう。

本来、地上天国に居ながら、そのように生きることができない私たちの可能性は、地上の始めから終わりに至る人類文化の進歩全体によって、またその歴史的な文化世界に繰返し転生することによって開かれる、というのです。西田が語った「創造的価値」「歴史的世界創造的」「現実的」といった言葉は、このような視点からも理解を深めることができると思われます。

次は霊聴です。それによって開かれるのは、歴史的現実とは異なるもう一つの現実です。シュタイナーは次のように述べています。——私たちが過去の体験を目の前に生き生きと蘇らせ、集中して自分に注意を向けると、次第に自分の霊聴認識に至り、霊的な音響世界の中にいる自分を見出す。しかし、自分の魂の基調音ないし固有音を知ると、自分が不協和音しか出すことのできない、どれほど大宇宙にふさわしくない存在であるかをあらためて思い知らされる。そして、この人生でなおざりにしてきたことをやり直すために再び生まれ変わってきたいと願うようになる。この願いこそ私たちの自己認識のもっとも重要な帰結である。

このとき私たちが目を向けるもの、それは太古から現代に至るまで一貫して存在し、私たちに安らぎを与える自然法則だというのです。——霊視上の人間と文化の発展が相対するように、霊聴上の人間に相対するのは自然法則である。内的平静と首尾一貫性を示す霊界の現実は、一方では自然法則となって現れ、他方では私たちの内部において誤謬を通して不安と不調和となって現れる。古来、どの秘教や秘儀においても、自然の合法則性の内的平静、内的調和が人間の内的合法則性の手本とされてきた。秘儀の第六段階に達した人が「太陽の英雄」と呼ばれたのは、その人の内面が軌道上を巡る太陽と同じ合法則性に達したからである。

私たちが本来の自己とその可能性を求めて輪廻を重ねながら学んでいるもの、それは一方では文化の発展ないし歴史的現実であり、他方では自然法則ないし自然法則的現実である、というわけです。このような観点に立つなら、道元の脱落身心の世界は、人類史という視点はないものの、輪廻を肯定的に捉えることによって、歴史的創造的・現実的世界にも自然法則の世界にも通じていると言えるのではないでしょうか。

次は、霊的合一による自己認識です。しかし、その場合、あまりにも高く霊的合一の領域に上っていくので、霊視・霊聴の場合と同じように霊的合一上の人間に相対する外界の対象を性格づけることは非常に困難であるとして、シュタイナーは（今回参照した講義では）説明を控えています。そこで、本節の考察もこの程度にしたいと思いますが、最後に注目しておきたいのは、講義を終えるにあたってシュタイナーが吐露した次のような感慨です。――若干の刺激と励まししか与えることができなかったが、できるだけ多くのことをそこから取り出してほしい。ここには自立しようとする意志と衝動をもった魂たちが出会っているのだから、私が示唆することしかできなかった分野においても、示唆することさえできなかった分野においても、銘々が独自に研究を深めて、多くの成果を上げてほしい。

このようなシュタイナーの姿勢は、道元が最後まで、すでに制作済みの『正法眼蔵』の諸巻を書き改め、さらに新稿を加えようとしていた姿と重なります。シュタイナーにも脱落身心の姿が現れていると言えるのではないでしょうか。

本稿の作成に当たっては、幡谷明大谷大学名誉教授から貴重なご教示を賜りました。ここに記して感謝の意を表する次第です。

## [第四章の注]

（1）上田閑照編『西田幾多郎哲学論集Ⅲ』（岩波文庫）による。

（2）以下、ルドルフ・シュタイナー『シュタイナー　マルコ福音書講義』（西川隆範訳・アルテ）「仏陀とソクラテスとイエス」「仏陀とヨハネ」「五千人の食事・四千人の食事」参照。

（3）この点について、仏教には一つの世界が成立してから次の世界が成立するまでの過程を成劫《じょうこう》・住劫《じゅうこう》・壊劫《えこう》・空劫《くうこう》という四期に分類した四劫《しこう》という世界観があります。

（4）石井修道『道元禅師　正法眼蔵行持に学ぶ』（禅文化研究所）四八六～四八七頁による。

（5）岸澤惟安『正法眼蔵全講第二巻』（大法輪閣）六～七頁参照。

（6）石井、前出、四八七頁参照。

（7）岸澤惟安『正法眼蔵全講第一巻』「弁道話」参照。旧仮名遣いは現代仮名遣いに、漢字の旧字体は新字体に変更。

（8）なお、岸澤の説明には若干の不明瞭さと疑問が残ります。岸澤は「諸仏のつねにこのなかに住持たる、各各の方面に知覚をのこさず」が身心脱落であり、それを引っくりかえした脱落身心が「群生のとこしなえにこのなかに使用する、各各の知覚に方面あらわれず」である、また「各各の方面に知覚をのこさず」は区別のなかに区別がたたないこと、階級のなかに階級がたたないこと、「各各の知覚に方面あらわれず」は階級にわたること、区別が区別に堕さないことを表わし、階級のなかに平等があり、平等のなかに階級があって天下が治まると述べ、主人とその女中の役割を例に挙げて説明しています。しかし、ここのところは本稿の冒頭で紹介した西田の「絶対的一者の自己否定的に個別的多として成立する我々自己」つまり一即多・多即一という関係を踏まえると、より明快に説明できると思われます。
(9) 岸澤、前出、『全講第一巻』一〇三頁参照。
(10) 岸澤によれば、色是色・空即空は道元が『般若心経』の註として「摩訶般若波羅蜜」巻において初めて述べた古今にない言葉です。
(11) 岸澤、前出、『全講第一巻』一〇六頁参照。岸澤は「摩訶般若波羅蜜」巻の「しかあれば学般若はこれ虚空なり、虚空は学般若なり」に関して、「虚空を学ぶこと、本証ということとえず、諸法ということとえず、出路ということとえず、一如ということとえず。だから色即是空、空即是色。してみると色と空と同じもの、調和すると一つだ。一つものであれば、色と空と二ついう必要はない。色是色、空即空、それが虚空だ。その虚空が般若だぞよ」(同、五七五頁)とも述べています。「色と空と同じもの、調和すると一つ」ということは、西田の言葉を借りれば矛盾的自己同一的関係ですが、矛盾的ということはその矛盾を解消する立場があることを意味するものと思われます。
(12) 岸澤、同前、五六八頁参照。
(13) ルドルフ・シュタイナー『仏陀からキリストへ』(西川隆範編訳・水声社)一〇九頁。
(14) 同前、一一二～一一三頁参照。
(15) 先に見たように、西田は内在的超越の方向に将来の宗教を考え、キリスト教においても内在的超越のキリストによって新しい世界が開かれるかもしれないと見ていたわけですが、それは突き詰めれば仏教とキリスト教の結合を意味することになるでしょう。

(16) 以下、ルドルフ・シュタイナー『人智学・心智学・霊智学』(高橋巖訳・ちくま学芸文庫)「霊智学　第四講」参照。

# 第五章　道元禅と日本的霊性

道元は「仏祖正伝」の仏法を標榜しました。それは「日本の釈迦牟尼仏は高祖（道元）さまだ」「高祖さまが第五十一代の釈迦牟尼仏として、日本に現成された」ということであり、自らの仏教を一宗派としての禅宗とは呼ばない立場、小乗と大乗を区別しない立場、さらには「シナの真の仏法は、日本につたわって、シナにはなくなった」とする立場、とも言えるでしょう(1)。

他方、鈴木大拙は「日本的霊性」を論じました。これは、日本人の霊性（宗教意識）は鎌倉時代に至って、特に浄土教と禅宗において純粋な形で現れたが、それは仏教に由来するというより、仏教が一つの刺激となって本来の日本的霊性が覚醒した、という見方です。道元と大拙の立場は大きく食い違っているように見えます。本稿では、仏教に関心または期待を寄せる一般の現代人の立場から、この食い違いに着目して、道元と大拙双方に対する理解を多少とも深めてみたいと思います。

## 一　道元の仏祖正伝の立場

### (1) 仏祖

道元はその立宗宣言ともいうべき『弁道話』を次のように始めています。

「①諸仏如来、ともに妙法を単伝して、阿耨菩提《あのくぼだい》を証するに、②最上無為の妙術あり。③これたゞ、ほとけ仏にさずけてよこしまなることなきは、すなわち自受用三昧、その標準なり。④この三昧に遊化《ゆけ》するに、端坐参禅を正門《しょうもん》とせり。」(2)

この場合、諸仏如来とは、単に魔訶迦葉《まかかしょう》を第一祖とする禅宗の祖師たちを指しているのではありません。同じ『弁道話』にも「七仏の妙法」とあり、『正法眼蔵』「仏祖」の巻では、道元に至るまでの仏祖として、魔訶迦葉に法を授けた釈迦牟尼仏を含むいわゆる過去七仏も挙げられています(3)。

その祖師たちはいわば悠久の昔から妙法を単伝してきた(師から弟子へと一筋に伝えてきた)、つまりそれぞれ阿耨菩提(最高の悟り)を開いてきたが、それには比類なき妙術があるというのです。道元はこのような正伝の仏法を標榜したのであって、単なる一宗派としての禅宗の立場や小乗に対する大乗の立場に立ったのではないことがわかります。

## (2) 妙法と妙術

ここで特に注目しておきたい点が二つあります。一つは「妙法」と「妙術」の区別と関係です。今の『弁道話』の引用では①と②、③と④というように両者が対になっていると考えられます。「妙法」について述べているのは①(諸仏如来、ともに妙法を単伝して、阿耨菩提を証するに）と③（これたゞ、ほとけ仏にさずけてよこしまなることなきは、すなわち自受用三昧、その標準なり）で、「妙術」については②（最上無為の妙術あり）と④（この三昧に遊化するに、端坐参禅を正門とせり）です。

妙法とは正法のことです⑷。単伝されてきたのはこの妙法つまり阿耨菩提であり、伝わるのはそれを証する（体現あるいは「体証」（「仏祖」）する）ことによってです。そのときには、授けるのも仏、授けられるのも仏、すなわち自受用三昧であり唯仏与仏（「仏祖」）です。他方、妙術とは端坐参禅のことです。それが自受用三昧に入る正門です。

ここまでは妙法と妙術の区別と関係は明瞭です。単伝されてきたのは妙法であり、その正統の手段が妙術としての坐禅です。しかし、道元は同じ『弁道話』で次のように述べています。

「いわく、仏法を住持せし諸祖ならびに諸仏、ともに自受用三昧に端坐依行《えぎょう》するを、その開悟のまさしきみちとせり。西天東地《さいてんとうち》、さとりをえし人、その風《ふう》にしたがえり。これ、師資《しし》ひそかに妙術を正伝し、真訣《しんけつ》を稟持《ひんじ》せしによりてなり。」（傍点は引用者）

ここでは正伝されてきたのは妙術です。そして、さらに次のように続けます。

「宗門の正伝にいわく、この単伝正直《しょうじき》の仏法は、最上のなかに最上なり。参見知識のはじめより、さらに焼香・礼拝・念仏・修懺《しゅさん》・看経《かんきん》をもちいず、たゞし打坐《たざ》して身心脱落することをえよ。」

これはここまでの論述のまとめで、正伝されてきたのは、最上のなかの最上たる単伝の正法および打坐という妙術の二つ、と解してよいでしょう。ところが、第四問答まで行くと次のように述べています。

「仏家《ぶっけ》には教《きょう》の殊劣《しゅれつ》を対論することなく法の浅深《せんじん》をえらばず、たゞし修行の真偽をしるべし。」

これは注目すべき主張です。仏教徒の知るべきは、教義の優劣や法（阿耨菩提・悟り）の深浅ではなく、修行の真偽だというのです。正伝の重点が完全に妙法から妙術に移っています。こうなると、なぜ坐禅だけが真の修行であり妙術なのか、という疑問に答えなければなりません。道元は『弁道話』でこの問題を繰り返し取り上げています。

その吟味は割愛しますが、このような道元の立場は妙術と妙法が切り離すことのできないものであれば成り立たつでしょう。しかし、はたしてそう言えるのかどうか、それが問題です。道元と後述する大拙の日本的霊性の立場の違いの一つはこの点にあります。なお、この問題は道元の修証一等の立場とは本来関係がなく、修証一等の立場は妙法を証するのに複数の妙術があっても成り立つものと考えられます。

仏教に関心をもつ、あるいは期待を寄せる現代人にとって、妙法と妙術の区別と関係は極めて重要です。なぜなら、そこにこそ今日の世界的課題である宗教間の対話と協調の鍵があると思われるからです。

師が弟子に印可を与えるときの基準は妙法であって妙術ではないはずです。それが妙法と妙術の厳然たる違いだと思われます。妙法と妙術の区別と関係は道元禅が今日改めて回答を迫られている問題ではないでしょうか。

### (3) 単伝

もう一つの注目点は単伝です。先に触れたように、真の仏法は日本に伝わって中国にはなくなったと言えるとすれば、道元によって日本に伝わった仏法はその後どうなったのでしょうか。ところが、仏法はもうつぶれてしまったというのが昭和四年における岸澤の認識です(5)。

だからこそ、それを挽回して道元を喜ばせなければならないというのですが、もしそう言えるなら、同じく中国でもインドでも挽回できるのでなければならないでしょう。単伝は現代の私たちが道元禅に対するときに直面せざるを得ない一つの疑問です。

例えば、釈迦は自らの教えをヴェーダの言語によって統一することを拒否し、各地の人々が自身の言葉（方言や俗語）で仏法を学び、また説法することを主張したと伝えられています(6)。もしそうであれば、釈迦は単伝によって線的に仏法が伝わるのではなく、各地の人々に広く面的に伝わることを望んでいたのではないでしょうか。

仏法は単なる宝物ではありませんから、それが伝わるということは保管場所が移るといったことではないはずです。仏法がなくなるというのは、未だ教えはあるとしても、妙術の伝統が絶え、それによる開悟経験が絶えるということであって、真理としての法そのものが消滅する、あるいは開悟の可能性が無くなるということではないでしょう。妙術の伝統を復活させる可能性が常にあるはずです。

『弁道話』第一五問答にも「なお大乗実教には、正像末法をわくことなし。修すればみな得道すという。いわんやこの単伝の正法には、入法出身《にっぽうしゅっしん》、おなじく自家《じけ》の財珍《ざいちん》を受用するなり。云々」とあるとおりです(7)。正像末という区別をしないということは、それが時間（時代）だけでなく空間（地域）をも超えた永遠の真実の教えだということです。入法出身の入法は悟ること、修証一等でいえば修、出身は証、ともに自受用三昧です(8)。

いまはひとまずこの程度にして、大拙の日本的霊性の立場に眼を転じることにします。

## 二 大拙の日本的霊性の立場

大拙の日本的霊性は日本的と霊性のどちらにアクセントがあるのでしょうか。実は、アクセントが置かれているのは日本的であり、それが大拙の日本的霊性論の今日的意義を限定的なものにしていると思われます。

### (1) 霊性

まず、霊性とは何かについて、大拙は次のように述べています(9)。

「精神または心を物(物質)に対峙させた考えの中では、精神を物質に入れ、物質を精神に入れることができない。精神と物質との奥に、いま一つ何かを見なければならぬのである。二つのものが対峙する限り、矛盾・闘争・相克・相殺などということは免れない。それでは人間はどうしても生きていくわけにいかない。なにか二つのものを包んで、二つのものがひっきょうずるに二つでなくて一つであり、また一つであってそのまま二つであるということを見るものがなくてはならぬ。これが霊性である。」

これは要するに仏教こそ霊性の教えだと言うに等しいでしょう（例えば、般若心経の色即是空・空即是色の教えなど）。大拙はそれをさらに宗教一般に広げ、霊性は「宗教意識」（または「宗教的衝動」二九頁）といってよいが、誤解を生みやすいので敢えて霊性と言うのだと説明しています。

しかし、宗教意識を霊性と言い換えたからといって必ずしも意味が明らかになるわけではありません。「がんらい宗教なるものは、それに対する意識の喚起せられざる限り、なんだかわからぬものなのである。……ただ宗教については、どうしても霊性とでもいうべきはたらきが出てこないといけないのである、即ち霊性に目覚めることによって初めて宗教がわかる」（一七頁、強調は原著者）のであり、それまでは説明してもわからないというのです。大拙は「霊性は無分別智である」（一七頁）とも述べています。説明は分別次元のことであり、霊性はもっと「高次元」のものだというのです。

### （２）霊性と意識

それでも大拙はさまざまな角度から説明を加えます。例えば、「霊性は民族が或る程度の文化段階に進まぬと覚醒せられぬ」と述べています（一八頁）。文化段階といっても知的文化のことではなく、「要するに鎌倉時代における日本的霊性の覚醒は、知識人から始まらないで、無智愚鈍なるものの魂からであったということに注意したいのである」（一八〇頁）

という点が肝心です。

道元も「如来の正法、もとより不思議の大功徳力をそなえて、ときいたればその刹土《せつど》（国土）にひろまる。人まさに正信修行すれば、利鈍をわかず、ひとしく得道するなり」（「弁道話」、傍点は引用者）と述べています。大拙は「或る程度の文化段階」という表現でこの道元の「ときいたれば」ということを言おうとしたものと思われます。それは文化というより意識の問題だと考えられます。

「原始民族の意識にも、或る意味の霊性はないとは言われぬが、それは極めて原始性のものに過ぎないのである。これを純粋に精練せられた霊性そのものだと思い誤ってはならぬ。」（一八頁、傍点は引用者）

霊性が人の意識の問題であり、霊性の覚醒とは純粋に精練せられた霊性そのものに対する意識の誕生を指していることがわかります。それでは、原始性の霊性と精練された純粋な霊性との違いは何でしょうか。霊性はどのように精練され、純粋になるのでしょうか。その鍵は、一人ひとりの内的意識にあると思われます。

> 「しかし文化が或る段階に向上したあとでも、その民族の悉くが覚醒した霊性をもっているとは言われぬ。即ち日本民族について言っても、今日の日本民族の一人びとりがみな霊性に目ざめていて、その正しき了解者だというわけにはいかない。今日といえどもわが国民のあいだには、原始性の宗教意識以上に出《い》で能わぬものはいくらでもある。それらの人々は、かえって純粋の霊性をその原始性の中に求めんとさえするのである。」(一八頁、傍点は引用者)

大拙は民族という言葉を使いながらも、着目しているのはそれを構成する一人ひとりの個人です。大拙は人の内的意識を問題にしているのです。先の精練された純粋な霊性とは、人が内的意識を通じて霊性を明瞭に捉えたということです。人が霊性を内的にはっきり認識できたとき、それが霊性の覚醒です。それは「個人的経験で、最も具体性に富んだもの」(一八頁)です。

したがって原始性の霊性と精練された純粋な霊性との違いは霊性自体にあるのではなく、それを認識する側にあります。それが自己の内的認識ないし経験として明瞭に捉えられたものかどうかが問題です(「霊性そのものは超個己底であるが、個己を通さないとそれみずからを表現しないのである。」一二七頁)。

大拙が文化という言い方で捉えようとしたのはこの内的意識のはずです。「それ（霊性の覚醒）は民族文化の昇進につれて、その中の個人の上に現われるものである」（一八頁）というとき、問題になっているのは人の内的意識の発達です[10]。

大拙が原始性の霊性の例として挙げているのは『万葉集』であり、平安文学です。要するに大拙は鎌倉時代に至って初めて純粋な霊性が覚醒した、つまり霊性を純粋に把握できるほどに内的意識が発達した、あるいは霊性の経験が個人的なものになったと考えているのです。個人的とは直接的という意味です[11]。

その代表的事例は『歎異抄』後序の「親鸞一人《いちにん》がため」です。

> 「感覚や感情も、それから思慮分別も、もともと霊性のはたらきに根ざしているのであるが、霊性そのものに突き当たらない限り、……個己の源底にある超個の人（にん）にまだお目通りが済んでいない。……この超個の人が本当の個己である。『歎異抄』にある「……ひとえに親鸞一人がためなりけり」と言う、この親鸞一人である。……真宗の信者はこの一人に徹底することによりて、日本的霊性の動きを体認するのである。」（八五～八六頁、強調は原著者）

くれぐれも勘違いしてはなりませんが、親鸞の一人は日常的な感覚や感情や思慮分別の主体たる普段の自分のことではありません。それは通常の自分を超えたもの、あるいはその源をなすものであって、それこそが本当の自分であり、そこに至って初めて霊性というものが実感できるというのです。

この一人は道元の自己に通ずるものと考えられます。そして、次のような道元の言葉からも一人の奥深さと広がりを感じることができます。

「仏道をならうというは、自己をならう也。自己をならうというは、自己をわするゝなり。自己をわするゝというは、万法に証せらるゝなり。万法に証せらるゝというは、自己の身心および他己の身心をして脱落せしむるなり。」（「現成公案」）

## (3) 日本的霊性

それでは、鎌倉時代以降霊性の経験（宗教意識）が個人的なものになったということと民族性あるいは日本的ということとの間にはどのような関連があるのでしょうか。大拙は次のように述べています。

「霊性は、それ故に普遍性をもっていて、どこの民族に限られたというわけのものでないことがわかる。漢民族の霊性もヨーロッパ諸民族の霊性も日本民族の霊性も、霊性である限り、変ったものであってはならぬ。しかし霊性の目覚めから、それが精神活動の諸事象の上に現われる様式には、各民族に相異するものがある、即ち日本的霊性なるものが話され得るのである。」（二〇頁、傍点は引用者）

大拙が述べようとしていることは難解です。大拙は、民族を超えた普遍的霊性が日本的に目覚める、と言っているのではありません。この場合の日本的に目覚めるとは、道元が第五十一代の釈迦牟尼仏として日本に現成したということであり、如浄は第五〇代として中国的に目覚めたということです。日本的に目覚めても中国的あるいはインド的に目覚めても、それは民族や文化の担い手である以前の個人的直接的経験（あるいは一人の経験）として普遍的なできごとであり、普遍的霊性の覚醒です。

しかし、大拙はそのような普遍的霊性とは別に、日本的霊性なるものを考えているのです。それは意外です。なぜなら、この節の冒頭で引用した「二つのものが対峙する限り、矛盾・闘争・相克・相殺などということは免れない。云々」と大拙が書いたのは先の大戦の最中であり、対立の克服を願ってのことだと思われるからです。大拙は次のようにも述べています。

「鎌倉時代は、実に宗教思想的に見て、日本の精神史に前後比類なき光景を現出した。……そして七百年後の今日に至るまで、それが大体において我らの品性・思想・信仰・情調を養うものになってきた。こんご恐らくは、こうして養われてきたことが基礎となって、その上に世界的な新しきものが築かれることと信ずる。ここに今日の日本人の使命がある。」（五一頁）「この際における仏教者の使命は、時局に迎合するものであってはならぬ。日本人の世界における使命に対して十分の認識をもち、しかも広く、高く、深く思惟するところがあってほしい。切にしかあらんことを希《こいねが》う。」（六一頁）

しかし、大拙の関心は一気に「世界的な新しきもの」に向かうのではなく、日本的なもの、日本的霊性なるものを経由しようとします。

「自分の主張は、まず日本的霊性なるものを主体に置いて、その上に仏教を考えたいのである。仏教が外から来て、日本に植えつけられて、何百年も千年以上も経って、日本的風土化して、もはや外国渡来のものでなくなったと言うのではない。初めに日本民族の中に日本的霊性が存在していて、その霊性がたまたま仏教的なものに逢着して、自分のうちから、その本来具有底《ほんらいぐゆうてい》を顕現したということに考えたいのである。ここに日本的霊性の主体性を認識しておく必要が大いにあると思う。」（六五頁、傍点は引用者）

日本的霊性なるものを主体に置いてとは、普遍的な個人的経験としての霊性ではなく、それとは別の民族的経験としての霊性ないし民族の霊性に焦点を当てるということです。大拙の関心は日本民族の霊性の特別な歴史的役割ないし価値にあると言えるでしょう。鎌倉時代に出現した日本的霊性が、その後七百年以上にわたって養ってきた日本民族の品性・思想・信仰・情調を基礎として、その上に世界的な新しきものを築くことに今日の日本人の使命があるというとき、大拙が意識しているのは日本的霊性の特殊性であって、その普遍性ではありません。つまり、大拙は親鸞の一人の経験がそのまま普遍的価値を有しているとは考えていないのです。

「日本人ということが彼〔親鸞〕の本質で、仏教者であることが彼の偶然性だと言ってよいのである。……霊性そのものは超個己底であるが、個己を通さないとそれみずからを表現しないのである。即ち『親鸞一人がためなりけり』ということにならないといけないのである。絶対愛は固より超個己であるが、それが個己の上に直覚せられるとき、本当に絶対なのである。この矛盾が親鸞の――そうしてやがて、我ら〔日本人〕の宗教的経験でなくてはならぬ。この経験が鎌倉時代の日本人の一人によりて経験せられ、そうしてそれが世界のどの宗教者によりても経験せられず、またシナで二千年の浄土系思想の伝統に養われていてさえ、その仏教者の誰もによりて経験せられなかった。それでこれを日本的霊性の直覚と言うのである。」（一二七頁。強調は原著者）

このように日本的霊性が特異なものであるからこそ、そこに世界的歴史的な使命があるというのです。

「日本人の存続が、世界的に何か意味があって、その歴史の生成に何か寄与すべき使命をもっているとすれば、（本書の著者は実はかくの如きものがあることを確信し、本書もまたその心で書かれたのであるが、）果してそうだとすれば、我らは日本的霊性の特異性を宣揚することを忽諸《こつしょ》に付しては〔おろそかにしては〕ならないのである。」（一三二頁）

しかし、日本的霊性の特異性は「漢民族の霊性もヨーロッパ諸民族の霊性も日本民族の霊性も、霊性である限り、変ったものであってはならぬ」ということと必ずしも矛盾するものではありません。

「日本における親鸞の出現が、シナにおける賢首大師〔法蔵〕や智者大師〔智顗〕の出現のようであったら彼の教説は、華厳や天台のように永続はしなかったであろう。賢首も智者も東洋における偉大な宗教的思想家として、我らの誇りではあるが、彼らにはまだ全くインド的なものが抜け切らなかった。シナ民族の精神そのものからの土着的発生ではなかったと言い得るものがあるではなかろうか。然るに親鸞の『一人一人』的経験は、日本民族の精神的生活即ち霊性自体からのものであったので、日本民族の心理に深く働きかけていったのである、実にいきつつあるのである。」（八九頁、傍点は引用者）

つまり、日本的霊性の特異性は、大拙によれば、それが世界で初めて親鸞において、霊性が土着的に発生したことにあるのです。土着的ということは民族的ということです。大拙は大地（的）という言葉も使います。親鸞の経験はやがて日本民族全体の経験になります。親鸞の誕生は民族的できごとです。そのような特異な日本的霊性は霊性の土着的発生の経験として世界的歴史的意味を有するからこそ、日本人にはそれを世界に示す使命があるというのです。

仏教を外来の宗教だとは考えないという点は道元も同じでしょう。それこそが正伝の意味であり、本稿の冒頭で触れた、道元が第五一代の釈迦牟尼仏であるということの意味だと思われます。しかし、道元が見ていたのは日本的仏法でも、禅でも、単なる仏法でもなく、普遍的な法であったはずです。

大拙と道元の立場は大きく隔たっています。問題を集約すれば、一つは、親鸞の一人や道元の自己は民族的な特殊な経験であったのか、それとも人間としての普遍的経験であったのか、ということではないでしょうか。

霊性は「日本的にはたらき出るのである」（一一六頁）ということに問題はないでしょう。しかし、「真宗信仰の反面には、実に禅的というべきものがある。そうしてかくの如き信仰の裡《うち》に日本霊性的直角の特殊性を見出し得ると、自分は言いたいのである」（一〇〇頁）という主張はどうでしょうか。「個己が超個己との接触・融合によりてみずからの存在の根源に目覚めていなかった。それが親鸞の世界で初めて可能になった」（九〇頁）といった認識はどうでしょうか。平安朝時代の「女性の感覚および感情は、まだ日本霊性の上皮部所属である。これが破れて霊性そのものの中に割り込まなくてはならぬ。そしてそこで開けた直覚の眼を通して、感覚や感情の世界が再検討せられなくてはならぬ」（八一頁）ということは、普遍的霊性の上皮部所属としての日本的霊性にも当てはまるのではないでしょうか。

以上はごく簡単な素描的考察でしたが、大拙の日本的霊性論は決して単純でも明快でもなさそうです。しかも、仏教あるいは宗教に関する根本的な問題提起を含み、人間存在の個人的普遍性と民族性という重大な今日的課題にもかかわっています。大拙の遺志に応えるためにも慎重な吟味が求められていると思われます。

その場合、道元さらにはシュタイナーのポジティブな輪廻観に立つと、もっと別の景色が見えてくるのかもしれません。

## [第五章の注]

（1）岸澤惟安『正法眼蔵全講　第一巻』一七・四三頁参照。

（2）本稿では道元の引用は基本的に水野弥穂子校注『正法眼蔵』（岩波文庫）によるが、歴史的仮名遣いは現代仮名遣いに変え、改行および解釈は必ずしも水野に依らない。数字は引用者が便宜的に加えたもの。

(3)これは道元独自の立場を示す実に注目すべきことで、永平寺に伝わる道元が如浄から受けたとされる嗣書では、釈迦牟尼仏しか記されていません（松本章男『道元の和歌』（中公新書）三〇～三一頁参照

(4)岸澤、前出、五〇頁参照。

(5)岸澤、前出、一七頁参照。

(6)松本史朗『仏教への道』（東書選書）一〇二頁参照。

(7)大乗実教は大乗終教ともいわれ、華厳で大乗至極の教えのこと（増谷文雄『現代語訳　正法眼蔵（第八巻）』（角川書店）二六〇頁参照）。正像末法は、釈尊滅後の時代を三つに分け、正法時代は教・行・証がすべてそろっている時代、次の像法時代は教と行はあるが証（仏果）を得るものがいなくなる時代、その次の末法時代は教のみがあって行も証も欠けた時代とするもの、さらに進むと教もなくなる法滅時代に至るとされます。

(8)岸澤、前出、四二五頁参照。

(9)鈴木大拙『日本的霊性』（岩波文庫）一六頁。以下、大拙の引用は特記しない限りこの文献により、頁のみを示す。

(10)なお、大拙は「鎌倉時代を特徴づける一因子は対外性である」として、「蒙古襲来は日本人の内省的生命の発展に非常な影響を与えたものである」（五二頁）と述べています。しかし、

親鸞や道元が蒙古襲来以前に活躍したことを考えると、大拙の指摘には疑問が残ります。それに対して「より深い意味での覚醒は、霊性そのものから、おのずから出てくると言ってもよい」（一八〇頁）とも述べていますが、おのずからの意味が問題として残ります。

（11）「霊性はいつも一人であり、覿面《てきめん》であり、赤裸々で」あり、「個霊は超個霊と直截《ちょくせつ》的に交渉を開始する、いかなる場合でも媒介者を容れぬ。」（一三七頁、強調は原著者）

# 第六章　道元禅と上座部仏教

私たちは宗教に人生の拠り所を求めます。しかし、その宗教がしばしば争いの原因になります。これは実にやりきれない古くからの現実です。仏教も決して例外ではありません。仏教の内部にも宗派間の対立があります。

鈴木大拙の日本的霊性論は、畢竟、そのような様々な宗教対立を克服しようとする試みだったと言えるのではないでしょうか。

「精神または心を物（物質）に対峙させた考えの中では、精神を物質に入れ、物質を精神に入れることができない。精神と物質との奥に、いま一つ何かを見なければならぬのである。二つのものが対峙する限り、矛盾・闘争・相克・相殺などいうことは免れない、それでは人間はどうしても生きていくわけにいかない。なにか二つのものを包んで、二つのものがひっきょうずるに二つでなくて一つであり、また一つであってそのまま二つであるということを見るものがなくてはならぬ。これが霊性である。今までの二元的世界が、相克し相殺しないで、互譲し交歓し相即相入するようになるのは、人間霊性の覚醒にまつよりほかないのである。いわば精神と物質の世界の裏にいま一つの世界が開けて、前者と後者とが、互いに矛盾しながらしかも映発するようにならねばならぬのである。これは霊性的直覚または自覚によりて可能となる。」(1)

大拙の前にあるのは、二つのものが対峙する限り、矛盾や闘争は避けられず、それでは人間はどうしても生きていくことができない、という課題です。その克服を可能にするもの、それが霊性であり、対立する二つのものが畢竟一つであり、一つでありながら二つであるような世界を開くものです。

大拙は「霊性を宗教意識と言ってよい」としながら、宗教という呼称を避けました。それは「宗教を迷信の又の名のように考えたり」、「宗教でもなんでもないものを宗教的信仰で裏付けようとしたり」する傾向が見られたからですが(2)、『日本的霊性』が出版されたのは昭和十九年十二月ですから、「戦争前から戦争中にかけてわれら日本人の精神状態は頗《すこぶ》る不健康であった。『国体』とか、『超宗教』とかいうものがあって、それでわれらは圧迫せられた」(3)という事情にもよるでしょう。

戦争という不健全な状況に直面した大拙は、人間存在を根底から問い直し、日本人の可能性を模索したのだと思います。その可能性を開く唯一の道、それが人間の霊性の覚醒あるいは霊性的直覚(自覚)でした。「人間の人間たるところは、霊性的自覚の面である」(4)、…日本的霊性的自覚は「他の世界宗教と並存して、人間性の豊富化に役立つ」(5)という結論に至ったのです。

人間の人間たるところ、すなわち人間性、それが霊性的自覚にあるということは、宗教生活が人間存在の基本だということです。その意味で、宗教対立は人間の根本問題であり、それが克服されない限り世界の様々な矛盾や対立はなくならないでしょう。大拙の日本的霊性論は、畢竟、宗教対立を克服しようとする試みだと述べた所以《ゆえん》です(6)。

さて、仏教にはいわゆる大乗と小乗との伝統的な対立があります。いわば兄弟喧嘩のようなものでしょうが、仏教に期待する現代人にとって困惑することの一つです。大乗・小乗という呼称は弟分の大乗の立場に立つもので、伝統仏教(7)からすれば自分こそ正統な嫡子であって、大乗は非正統ないし異端ということになるでしょう。

興味深いことに、様々な教説を前にして人々が困惑するという状況は釈尊在世時から変わっていないようです。そして、更に興味深いのは、それに対する釈尊の教えです。上座部仏教に伝わる経典(『カーラーマ経』)によると、釈尊はカーラーマ族の村人から、多くの修行者やバラモンが来て自説を述べ、他人の教えをけなし軽んじるが、いったい誰の言うことが真理であり偽りであるのか分からない、と聞かされたとき、私がブッダだからといって鵜呑《うの》みにするな、経典にあるからといって鵜呑みにするな、伝統だからといってそれが真理とは限らない、と教えたというのです(8)。

今日の私たちもまたそれぞれ自分で考えなくてはならないでしょう。この小論では、大乗の代表として道元を、上座部の代表として日本在住というだけでなく道元にも詳しいスリランカ上座部のアルボムッレ・スマナサーラ長老(9)を取り上げ、「輪廻」「無常と無我」

「色即是空と空即是色」といった観点からそれぞれの説を簡単に比較してみたいと思います(10)。

## 一　輪廻

禅宗は隋唐の時代に成立し、最も中国的な展開を遂げた仏教だといわれています(11)。ところが、スマナサーラは、禅宗が大乗のなかでは釈尊の教えに一番近いと見ています(12)。一方、道元は自らの立場を曹洞宗はもとより、禅宗と呼ぶことさえも否定しています(13)。大乗と小乗の区別もしませんでした(14)。それが道元の正伝の仏法であり、そもそも釈尊はひろく十方仏土中の諸法実相を説いたのであって、何らかの宗を建立したのではない、というのが道元の立場です(15)。仏土以外の世界があるというのではありません。釈尊までの過去七仏から如浄《にょじょう》を経て道元に至る正伝の仏法は全世界の真相を教える最高の智慧だというのです。

確かに、このような道元の立場は、禅宗が大乗のなかで釈尊の教え(つまり上座部の立場)に一番近いとするスマナサーラの見方を裏付けているように見えます。しかし、道元はしばしば小乗(声聞・縁覚)を批判し、スマナサーラもまた「ブッダの教えを骨抜きにする」などと大乗を批判します(16)。

ませんその場合、二人は必ずしも自らの立場が釈尊のそれに等しいと主張しているのではありません。スマナサーラは釈尊の前では誰でも愚者だと語り⒄、道元もまた次のように述べています。「わたしとしては、世尊の在世のころに一毫《いちごう》もたがうまじとするのが日頃の念願である。だが、なお百千万分の一がほども及びえないことが憂えられる。しかし、すこしでも及びえたと思うときにはまことに心うれしく、いよいよ違うまじとねがう。それがわたしの日ごろ念とするところである。そして、わたしは幾たびこの世に生をうけようとも、かならずこの念《おも》いをいだいて仏に遭《あ》い奉《たてまつ》りたいと思いさだめている。また、仏に見《まみ》え奉ったならば、かならずその法を聞きたいものと願っているのである。」⒅

はたして道元と現代の上座部の立場はどこが同じで、どこが違うのか。この節で取り上げるのは輪廻の問題です。いまの「仏道」巻の引用からも窺《うかが》えるように、道元は輪廻を事実として受け止め、しかもそれを単に厭うべきものや脱すべきものとして否定的に見るのではなく、仏道の場として肯定的または積極的に捉えています⒆。

輪廻は上座部も認めています。しかし、それはやはりあくまでも否定すべき、あるいは脱すべき苦としての輪廻です⒇。

もう一つ、これは道元だけでなく大乗に広く当てはまることですが、輪廻の理解をめぐって、上座部との間に違いがあります。それは中有《ちゅうう》(21)にかかわるもので、大乗は一般に中有があるとする立場、上座部はないとする立場です(22)。

道元もまたしばしば中有に言及し、ときにはその間の心掛けを説いています。例えば、

「たとひこの生をすてて、いまだ後の生にむまれざらんそのあひだ、中有と云ふことあり。そのいのち七日なる、そのあひだも、つねにこゑもやまず三宝をとなへたてまつらんとおもふべし。七日をへぬれば、中有にて死して、また中有の身をうけて七日あり。いかにひさしといへども、七々日(四十九日)をばすぎず。このとき、なにごとを見きくもさはりなきこと、天眼《てんげん》のごとし。かゝらんとき、心をはげまして三宝をとなへたてまつり、南無帰依仏、南無帰依法、南無帰依僧ととなへたてまつらんこと、わすれず、ひまなく(とぎれることなく)、となへたてまつるべし。すでに中有をすぎて、父母のほとりにちかづかんときも、あひかまへてあひかまへて(よくよく心して)、正知ありて(正智をもって)託胎(母体に宿ること)せん。処胎蔵にありても(母の胎内にあっても)、三宝をとなへたてまつるべし。むまれおちんときも、となへたてまつらんこと、おこたらざらん。(中略)眼のまへにやみのきたらんよりのちは、たゆまずはげみて三帰依となへたてまつること、中有までも後生までも、おこたるべからず。かくのごとくして、生々世々《しょうじょうせぜ》をつくしてとなへたてまつるべし。仏果菩提にいたらんまでも、おこたらざるべし。」(23)

なぜ中有に着目するのかというと、それは仏教の本質にかかわる問題、すなわち我・ない

し輪廻する主体を認めるか否かという問題が、端的に現れると思われるからです。いまの道元の引用は、死から中有を経て後生に至る我の立場に立っていると言えるでしょう。

道元は次のようにも述べています。「また鮮百比丘尼《せんびゃくびくに》、発願施氎《ほつがんせじょう》ののち（迦葉仏の時代、仏と僧に一張の氎（毛氈）を布施した因縁により）、生々《しょうじょう》のところ、および中有、かならず衣と倶生《くしょう》せり（袈裟とともに生まれた）。」（「袈裟功徳」巻）この場合、中有に生まれるときも含めて輪廻するのは同一の主体、同じ比丘尼です。

これに対して上座部はあくまで無我を強調し、一つの主体が輪廻するのではないという立場をとります(24)。

以上のように、道元も上座部も輪廻を認める点では一致しています。しかし、輪廻する主体の有無をめぐって両者の見解は分かれます。道元はそれを認め、上座部は否定します(25)。

しかし、上座部のように輪廻を認めながら輪廻するもの（主体）を認めない立場には疑問が残ります。なぜなら、輪廻は業報ないし因果応報の法則、「その（生命が意志でする行為の）結果はその生命が受けなくてはいけない」(26)という法則に基づいており、もし人間に主体性つまり自由と責任がないなら、業報が成り立たず、輪廻は起動しないと思われるからです(27)。

また、輪廻の主体（我）を認めたとしても、それは必ずしも上座部が批判する永遠不滅の実体である必要はありません。輪廻の間だけ主体性が保たれていればよいからです。

そして何よりも重要なことは、永遠不滅の実体なるものと人間の主体性（自由と責任）との矛盾です。つまり、道元の言葉で言えば、「前後際断《ぜんごさいだん》」（「現成公案」巻）されていなければ人間の主体性は成り立たない、あるいは刹那生滅（生死）または無常であるからこそ、人間の主体性が可能になり、輪廻の仕組みが働くものと思われます。

## 二　無常と無我

スマナサーラによれば無常は釈尊の教えの根本です。それはそれまで誰ひとりとして発見できなかった法則であり、その発見によって釈尊が解脱してブッダ・釈尊に成り得た聖なる真理（俗世間的真理＝世俗諦に対する出世間的真理＝勝義諦）です(28)。無我についても、無常だから無我である、というのがスマナサーラの説明です(29)。

また、すべての問題は無常を知らないことから起きており、問題を根本的に解決するには無常を知るほかないが(30)、大乗を含め、上座部を除くすべての宗教が釈尊の発見した無常を語っていない、すなわち「変わらない何か」（仏性、如来蔵、阿頼耶識など）や「永遠不滅の絶対的な神」を語っている、それに対し上座部の伝える仏教は釈尊が発見した真理、客観的事実あるいは科学であって、神秘的なものではなく、信仰は不要という意味で宗教ではない、とスマナサーラは主張します(31)。宗教とは、無常の世界で安住の我が家を探そうとする妄想だというのです(32)。

二つのものが対峙する限り人間はどうしても生きていくわけにはいかない、とする大拙の立場は正にこれに当たるでしょう。

ところが、道元は「六祖、門人行昌《ぎょうしょう》に示して云く、『無常は即ち仏性なり、有常は即ち善悪一切諸法分別心なり』。いはゆる六祖道の(六祖の云う)無常は、外道二乗等の測度《しきたく》にあらず(測り知るところではない)。二乗外道の鼻祖鼻末《びそびまつ》(鼻祖とは物事を最初に始めた人。鼻祖といっても鼻末だの意)、それ無常なりといふとも、かれら窮尽《ぐうじん》すべからざるなり(その意を汲み尽すことはできない)」(「仏性」巻)と述べています。仏性とは「変わらない何か」などではなく、無常そのものだというのです。

無常が仏性だとすれば無我も仏性のはずです。それは「三十七品菩提分法」巻で確かめることができます。三十七(品)菩提分法は、悟りに至るのを助ける方法とされ、四念住(処)・四正断(勤)・四神足(如意足)・五根・五力・七(等)覚支・八正道(支)から成っています。これは大乗の立場からすると小乗に分類されるものであり、真正面から論じること自体、道元ならではのことだと思われます。

四念住とは観身不浄・観受是苦・観心無常・観法無我ですが、いまは観心無常と観法無我のみを取り上げます。

先ず観心無常です。「『観心無常』は、曹谿《そうけい》古仏いはく、『無常者即仏性也』。しかあれば、諸類の所解する無常、ともに仏性なり。永嘉《ようか》真覚大師云《いわく》、『諸行無常一切空、即是如来大円覚』。」前半は先の「仏性」巻の引用と重なりますが、「諸行無常一切空」と合わせると、無常は空であり、また仏性である、となります。それは「即是如来大円覚」であり、「無上正等覚の現成、すなわち無常なり」です。

しかし、もっとも注目すべきは「心もしあれば観もあるなり」で、ここには心も観も無常＝仏性という関係があります。

これはいわば仏性の立場です。「修証これ一等なり」「証上に万法をあらしめ、出路に一如を行ずるなり」（『弁道話』）の証（一如）の立場ともいえると思われます（33）。この仏性ないし証の立場が上座部との重要な違いだと思われます。

スマナサーラは、道元が書いたものは、若い頃と晩年とでは別人のようで、若い頃のものは悪い意味で前衛的で、自分の言っていることがわかっているのかと疑いたくなるほど難解で、形式にこだわったあげく意味不明になっている、それに対して晩年の文章は「人生は苦しいものだ」「煩悩はよくない」「修行して頑張りましょう」というように、奇をてらわず、とても分かりやすい、と述べています(34)。これはスマナサーラがいわば修の立場に立っていることを示すと共に、文章の難易は別として、道元が初期には出家在家の区別なく証ないし仏性の立場で論じ、晩年には主に出家僧に対して修の立場で論じたことを示していると思われます。

次は観法無我です。「『観法無我』は、長者長法身、短者短法身なり。現成活計なるがゆゑに無我なり。」長いものは長いものとして、短いものは短いものとして、ともに法身(仏性)の現成である故に無我である、あるいは無我は仏性である。これもまた仏性の立場です。無常だから無我である、という立場ではありません(35)。

さて、釈尊は議論するときは誤解を生まないように単語を定義して使うよう諭したそうです(36)。これはここでの議論にも当てはまるでしょう。

まず、無常に目を向けますと、スマナサーラはすべての物質は光の速さで、心はその十七倍の速さで変化すると述べています(37)。他方、道元は「無量無辺の辺量を超越せるなり(無量無辺というもなお量であり大きさであるが、そのような大小・多少を超越している)」(「観音」巻)というように、数量を超越した立場に立ちます。これもまた仏性の立場といえるでしょう。

もう一つ、スマナサーラの無常の説明で注目すべきは、無常=因果の連鎖であり、無常は因果法則に従っているという点です(38)。これは「深信因果」巻に見られる道元晩年の不昧因果（因果に昧《くら》からず）の立場であり、それに対する不落因果（因果に落ちず）の立場が仏性の立場にあたるものと思われます。ただし、前節で触れたように、道元が問題にしているのは単なる自然科学的因果法則ではなく、輪廻にかかわる因果応報の法則である点が決定的な違いです。

無我に移りますと、上座部の我はサンスクリット語でアートマンと呼ばれるもので、「自分だと言えるもの」「自分を自分たらしめているもの」または「人間を人間たらしめている根源的なもの」「人間にとっての芯のようなもの」「魂」を意味しています(39)。

このようなアートマンには二つの側面があると考えられます。一つは「自分だと言えるもの」「自分を自分たらしめているもの」といった「自分」ないし「私」あるいは「自己意識」にかかわる人間の内面的側面、もう一つは「人間を人間たらしめている根源的なもの」「人間にとっての芯のようなもの」「魂」といった人間の外面的ないし客観的側面です。

したがって無我にも二つの側面があります。端的に言えば、「私」などというものはないという側面と、永遠不滅の「魂」などというものはないという側面です(40)。

道元の場合にも同様に二つの側面がありますが、上座部とは重要な違いがあります。まず、道元は「私」の側面については、それがないという立場に立ってはいないと考えられます(41)。「仏道をならふといふは、自己をならふ也。自己をならふといふは、自己をわするゝなり。云々」(「現成公案」巻)も自己を肯定して初めて意味を成します。それは道元の輪廻の解釈とも一致しています。この自己の肯定は近世の実存思想やニヒリズムと仏教との関係を考える上でも重要です。「大乗仏教のうちには、ニヒリズムを超克したニヒリズムすらもが至らんとして未だ至り得ないような立場が含まれている」(42)という西谷啓治の言葉は道元の自己にこそ当てはまるものと思われます。

「魂」の側面に関しては、先尼《せんに》外道批判が格好の判断材料になるでしょう(43)。道元が述べる先尼外道の説とは、万物は去来し環境は生滅するけれども、心(心性・霊知・霊性)は常住不変である、とするものです。これに対して道元は、「身心一如」「性相不二」「一心一切法・一切法一心」の立場から批判しています。

身心一如とは身体と心は分けることができないという意味です。第一節で触れたように、道元は「袈裟功徳」巻で、過去世の功徳によって、生々においても、中有においても、常に袈裟とともに生まれたという比丘尼の伝説を紹介しています。道元は人は死んでも身心一如が保たれているとして、先尼外道の説を批判しているわけです(44)。

性相不二とは本性と相(現象)は分けることができないという意味です。人間でいえば、生滅する相としての肉体と常住不変の性としての心は分けることができない、つまり身心一如と同じ意味になります。

一心一切法・一切法一心の法は事物のこと、一切法は一切の事物、それが心であるとは、「心とは山河大地なり、日月星辰なり」という意味で、性相不二と同じことになります。結局、「身心一如」「性相不二」「一心一切法・一切法一心」は同じことで、「無常は即ち仏性なり」という仏性の立場を意味すると思われます。

しかし、道元は「海かれてなほ底のこり、人は死すとも心のこるべきがゆゑに」（七十五巻本『正法眼蔵』第六十三「発菩提心」巻）とも述べています。これは身心一如ではなく、死すべき身と残るべき心の二つに分かれています。道元の説の曖昧な点の一つです。ただし、この場合の心も先尼外道のいう常住不変の心（魂）とは違います。

「おほよそ本有《ほんぬ》より中有《ちゅうう》にいたり、中有より当本有にいたる、みな一刹那一刹那にうつりゆくなり。かくのごとくして、わがこゝろにあらず、業にひかれて流転生死すること、一刹那もとゞまらざるなり。かくのごとく流転生死する身心をもて、たちまちに自未得度先度《じみとくどせんど》他《た》の菩提心をおこすべきなり」（十二巻本『正法眼蔵』第四「発菩提心」巻）とあるとおり、心もまた一瞬も止まることなく生滅するものです。

ここで注目したいのは、「かくのごとく流転生死する身心をもて、たちまちに自未得度先度他（自らは未だ度せずして、まず他を度せん）の菩提心をおこすべきなり」です。これは、我の「私」の側面です。「まれに人間の身心を保任せり」(「仏道」巻)「今生のいまだすぎざるあひだに、いそぎて発願すべし」(「谿声山声」巻)ともあります。

　菩提心をおこし、発願することができるのは、一瞬も止まらず流転生死する人間に主体性、つまり自由と責任があるからです。その主体性は生死流転の核心であると同時に、それを超える可能性でもあります。あるいは、人間の主体性は無常だからこそ成り立つものです。これは修証一等の修の立場ともいえると思われます。

　スマナサーラも、無我を生きるとは、自分を頼りに、自分の意志で生きることにほかならない、それが釈尊の語った「自灯明」だと述べています(45)。しかし、無我なる自分とは何者か、意志とは何かが問われなくてはならないでしょう。自分とは一つの流れである、その自分という流れをしっかり管理して自分にも他人にも役立つ人間にならねばならない、というとき(46)、流れを管理するという主体性の立場に着目しなくてはならないと思われます。

## 三　「色即是空」と「空即是色」

　道元には大乗の代表的な経典『般若心経』を踏まえた「魔訶般若波羅蜜」巻があります。三十三歳のときの作で、『弁道話』(三十一歳)『普勧坐禅儀』「現成公案」巻(三十三歳)

などと並び最初期のものです。最初期の作であるということは、如浄の印可を受けた道元の悟りの内容、つまり道元禅の原点を語っていると考えられます。その意味で、道元が最初期に『般若心経』を取り上げているということは注目に値します。

他方、スマナサーラは『般若心経』を厳しく批判しています。ここでは、スマナサーラの『般若心経』批判、特に「空即是色」批判に焦点を当て、道元の立場と比較してみたいと思います(47)。

スマナサーラは『般若心経』が説く「色即是空・空即是色」の「色即是空」は釈尊が語った真理であるが、「空即是色」は間違いだと述べています。パーリ語経典にはたった一箇所「五蘊は空である」ということが書いてあり、そこがまさに釈尊のサーリプッタ(舎利弗)への説法であることから、これが『般若心経』のネタになったのではないか、一切は無常だという真理のところで止めておくべきなのに、それを観念的に「空即是色」とするのは間違いである、というのです。

釈尊が説いた根本的真理は「諸行無常(すべての現象は原因によって組み立てられたものので、常に変化している)」であって「一切皆空」ではない、上座部の定義では「空」は「実体のない」という意味であり、この世は全てが「無常」であって、「これ」と指差すことのできる確固たるものはなく、一切は空であるが、「空」という言葉を独立させ、強調しすぎると妄想あるいは虚無主義に陥る、というのです（48）。

スマナサーラは『般若心経』批判を総括して、『般若心経』の流れは、観音という信仰から始めて、「空」という哲学を通して「無」という虚無主義に到達し、「呪文」という神秘主義で休む、という流れになっている、と述べています。しかし、このようなスマナサーラの批判は、はからずも『般若心経』の空が上座部の教えでは説明できない、大乗独自の教えとして登場したことを示しているように思われます。

道元は「魔訶般若波羅蜜」巻を次のように始めています。「観自在菩薩の行深般若波羅《ぎょうじんはんにゃはら》密多時《みたじ》は、渾身の照見五蘊皆空《しょうけんごうんかいくう》なり。五蘊は色受想行識なり、五枚の般若なり。照見これ般若なり。この宗旨の開演現成するにいはく、色即是空なり、空即是色なり、色是色なり、空即空なり。百草なり、万象なり。」

これが『般若心経』を踏まえたものであることは一目瞭然です。しかし、単なる引用ではありません。最初に領解の核心を示すのが道元のやり方ですが、この場合にもそれが当てはまると思われます。道元は如浄の下で得た悟りを「色即是空・空即是色・色是色・空即空」という表現で打ち出しているのであり、「色是色・空即空」は『般若心経』にはない道元独自の言葉です。

これによって、道元の悟りの核心は無常でも無我でもなく、空にあること、そしてそれは色（五蘊）との相対関係を超えた、単なる描象的な空ではなく、具体的で創造的な空であることがわかります。

## 四　結びとして

以上、極めて急ぎ足の雑駁で浅薄な考察で重大な錯誤が心配ですが、道元とスマナサーラを通して大乗と上座部との違いを見てきました。それは教義の優劣を論じるためではなく、本論の冒頭で触れた大拙の霊性論のように、対立を克服する道のあることを願い信じてのことです。

私たちが人生でどのような仏教に出会うにしても、互いにその因縁を信頼し尊重しあうことが仏教の教えに適うものと思われます。

道元は『弁道話』で、「仏家《ぶっけ》には、教の殊劣を対論することなく、法の浅深をえらばず、たゞし修行の真偽をしるべし。（中略）仏法を伝授することは、かならず証契《しょうけい》の人（悟りを得た人）をその宗師《しゅうし》とすべし。文字をかぞふる学者をもてその導師とするにたらず」と述べています。親鸞もまた『教行信証』信巻で次のように『涅槃経』から引用しています。「信にまた二種あり。一つには聞《もん》より生ず、二つには思《し》より生ず。（中略）また二種あり。一つには道《どう》（悟りへの道）ありと信ず、二つには得者（悟りを得た人）を信ず。この人の信心、

ただ道ありと信じて、すべて得道の人ありと信ぜざらん。これを名づけて信不具足《しんふぐそく》（完全な信心ではないこと）とす。」(49)

大事なのは単なる教義の優劣や悟りの深浅ではなく修行の真偽であり、得道の人であるというのです(50)。そのような導師（善知識）との因縁を信頼するということは、未来を織りなす因果の法則を信頼するということでもあります。そして、そこに私たちの自由と責任があるものと思われます。

通信技術や交通手段の発達によって、世界の人々の交流がかつてなく進んだ今日、再び、大乗と上座部との出会いがあるとすれば、その因縁を信頼し、豊かな実りを期待したいと思います。

なお、本稿の作成にあたって幡谷明大谷大学名誉教授・菊藤明道成美大学名誉教授・藤本晃浄土真宗誓教寺（山口県下松市）住職から過分のご教示を賜りました。多少ともお応えできたか甚だ心配ですが、ここに記して感謝の意を表する次第です。

### [第六章の注]

（1）鈴木大拙『日本的霊性』（岩波文庫）「緒言」の「2　霊性の意義」

（2）以上、同前。

(3)鈴木大拙『妙好人』(法蔵館)「二」の「1」
(4)同前。
(5)鈴木『妙好人』「二」の「2」
(6)念のために付け加えると、大拙が問題にしていたのは宗教生活の本質としての内面的生活であって、救済事業のような側面ではありません(鈴木『妙好人』「二」の「1」参照)。
(7)この呼称は下田正弘「初期大乗仏教のあらたな理解に向けて――大乗仏教起源再考」(高崎直道監修/桂紹隆・斎藤明・下田正弘・末木文美士編『シリーズ大乗仏教4　智慧/世界/ことば――大乗仏典I』(春秋社)所収)による。
(8)玄侑宗久&アルボムッレ・スマナサーラ『仏弟子の世間話』(サンガ新書)八九頁参照。
(9)一九四五年、スリランカ生まれ。スリランカの大学で教鞭をとったのち、一九八〇年に来日。駒澤大学大学院博士課程で道元を研究し、現在は日本テーラワーダ仏教協会で初期仏教の伝道と瞑想指導に従事。日本語による著書多数。なお、本稿では基本的に敬称略。
(10)馬場紀寿「上座部仏教と大乗仏教」(高崎監修/桂・斎藤・下田・末木編『シリーズ大乗仏教2　大乗仏教の誕生』所収)によれば、インド本土で栄えた他派が最終的に消滅したのに対して、上座部はスリランカから東南アジア大陸部へ拡大し、三蔵とその註釈の全体を今に伝える唯一の部派で、現存する上座部は大乗経典を仏典として認めず、大乗特有の仏陀・菩薩を崇拝しない。しかし、中世までは大乗を兼学する上座部も栄えていたのであり、今日の上座部にも各地の文化・風俗に応じて多様性が見られる、とのことです。なお、冒頭の大拙の引用に関連して、スマナサーラもまた現代の世界の問題はほとんどが科学信仰を含めて信仰や考え方の違いから生じているので、解決が難しいと指摘しています（アルボムッレ・スマナサーラ『無常の見方――「聖なる真理」と「私」の幸福』（サンガ新書）四六～四七頁参照）。

(11) 石川力山編著『禅宗小事典』（法蔵館）七頁参照。

(12) 玄侑&スマナサーラ『仏弟子の世間話』八三～八四頁参照。

(13) 例えば『正法眼蔵』「仏道」巻参照。

(14) 例えば「阿羅漢」巻参照。

(15) 例えば「仏道」巻参照。

(16) スマナサーラ『無常の見方』二〇六～二〇七頁参照。

(17) 同前、七頁参照。

(18) 「仏道」巻。増谷文雄『現代語訳　正法眼蔵』（角川書店）による現代語訳。

(19) ただし、このような輪廻観は大乗あるいは禅に共通するものではなく、道元禅の特徴だと思われます（拙著『道元とシュタイナー』（水声社）一六一～一六二頁参照）。

(20) 例えば、スマナサーサ『死後はどうなるの？』（角川文庫）第2章参照。

(21) 中陰《ちゅういん》・中蘊《ちゅううん》とも訳され、死の瞬間（死有）から次の生を受ける（生有）までの期間。
(22) 上座部の立場からすると、餓鬼道に堕ちた生命はこの世に対する執着が捨て切れず、死んだという実感が持てないまま人々の近くでうろうろしているが、そのような中途半場な状態が大乗の中有に当たるとされます（スマナサーラ『死後はどうなるの？』一二四〜一二五頁参照）。また、絶え間ない心の変化の流れは、この生が終わっても次の生に入るだけで、それが延々と続くのであり、これが輪廻とされます（スマナサーラ『無常の見方』一九八頁および『無我の見方――「私」から自由になる生き方』（サンガ新書）二〇一〜二〇四頁参照）。
(23)「道心」巻。以下、道元の原文と漢字の読みは基本的に水野弥穂子校注の岩波文庫版『正法眼蔵』により、改行は適宜変更しました。また語句の解釈には岸澤惟安『正法眼蔵全講』（大法輪閣）・増谷『現代語訳　正法眼蔵』なども参照しました。
(24) 例えば、スマナサーラ『無我の見方』一八九頁以下参照。
(25) 道元もまた正伝の仏教を継承する者として伝統的な無我の立場に立ちますが、「袈裟功徳」巻の引用に見られるように、それを超えようとするものがあります（拙著『道元とシュタイナー』第四章の四「シュタイナーの説のどこが新しいのか」参照）。
(26) スマナサーラ『無我の見方』一五一頁。
(27) この点に関してスマナサーラは、無常は善悪の問題ではない、心は物質よりはるかに不安定でその変化の流れは絶え間なく続き、この生が終わっても次の生に入るだけであって、それを輪廻という、世界には因果法則があるだけであって良いも悪いもない、と述べています（『無常の見方』一九四・一九八・二六六頁参照）。しかし、このような因果法則は自然科学的因果法則であって、生命の意志がかかわる輪廻の法則とは異なると思われます。

(28) スマナサーラ『無常の見方』六五・二九一頁など参照。

(29) 同前一〇四頁、『無我の見方』一〇四頁以下など参照。

(30) スマナサーラ『無常の見方』一〇九頁参照。

(31) 同前、五・一三七～一三八頁など参照。

(32) 同前、二〇〇頁参照。

(33) この修証一等が冒頭で引いた大拙の「二つのものがひっきょうずるに二つでなくて一つであり、また一つであってそのまま二つである」に当たると考えられます。

(34) スマナサーラ『無常の見方』一二九～一三〇頁参照。

(35) スマナサーラは、諸行無常・諸法無我・一切皆苦の三法印（三相）は一つの事柄の三つの側面を言い表したものであり（『無我の見方』一一〇～一一一頁）、無常は自分という基準が破れたところ（つまり無我）で発見するものとしつつも（『無常の見方』一〇九頁）、釈尊の発見した無常こそが唯一の真理の教えだと述べています（同二一〇頁）。ここに無常を徹底して法滅を説く大乗との違いが見られます。大乗と初期仏教における法滅思想の違いについては、渡辺章悟の「大乗経典における法滅と授記の役割――般若経を中心として」（高崎監修／桂・斎藤・下田・末木編『シリーズ大乗仏教2』所収）および「般若経の形成と展開」（同『シリーズ大乗仏教4』所収）参照。

(36) 玄侑&スマナサーラ『仏弟子の世間話』一〇一頁参照。

(37) スマナサーラ『無常の見方』一〇〇～一〇五頁など参照。ただし、無常は体験すべきものであり、言葉では表現できない、という点を見逃してはならないでしょう（同九六・一一五頁参照）。

(38) 同前、一四六～一四七・一五二～一五三頁参照。

(39) スマナサーラ『無我の見方』五八頁参照。桂紹隆「インド仏教思想史における大乗仏教――無と有との対論」（高崎監修／桂・斎藤・下田・末木編『シリーズ大乗仏教1　大乗仏教とは何か』所収）がアートマンをめぐる議論の歴史を輪廻の主体をめぐる対論を含めて論じていて興味深い。しかし、本稿ではスマナサーラの見解のみを取り上げた極めて限定的な考察に止めざるを得ません。

(40) 私という実感ないし錯覚はあるが不変の実体はない（スマナサーラ『無常の見方』二七四～二七七頁、『無我の見方』八三～八七頁など参照）。

(41) 仏教以外の思想はすべて「私はある」ことを前提にしているというスマナサーラの認識も

これを支持していると思われます（『無常の見方』二七〇頁参照）。この場合も仏教とは上座部を指し、大乗は無常や無我を語らないグループに入ると考えられます。

(42) 西谷啓治『ニヒリズム増補版』（国際日本研究所）第七章の四。

(43) 以下、『弁道話』と「即心是仏」巻による。

(44) スマナサーラは、身心一如かどうかという問いは「私はいる」という実感あるいは錯覚に基づくもので、そのような問い自体が成り立たないと見ています（『無常の見方』二七四頁参照）。

(45) スマナサーラ『無我の見方』八頁参照。

(46) 同前、一三五〜一三七頁など参照。

(47) 以下、スマナサーラの主張については主に『無常の見方』一七九頁以下と『仏弟子の世間話』第2章による。

(48) 『無我の見方』一二一頁も参照。

(49) 『浄土真宗聖典　註釈版第二版』（本願寺出版社）による。

(50) 「法の浅深をえらばず」は、本稿の趣旨にはかかわりませんが、道元の立場を知る上で注目すべき言葉だと思われます（本書第一章「揺り起こされた宗教心と道元禅」の注（7）参照）。

# 第七章　道元の糸とシュタイナーの糸

## 一　道元の糸

道元の遺偈《ゆいげ》は師・如浄のものとよく似ています。他にもこのような例があるのかどうか分かりませんが、道元の如浄に対する深い敬慕の念の証だと思います。

如浄の偈と道元の偈を並べてみます（1）。

〈如浄の遺偈〉
六十六年
罪犯弥天
打箇跨跳
活陥黄泉
　咦
従来生死
不相干

〈道元の遺偈〉
五十四年
照第一天
打箇跨跳
触破大千
　咦
渾身無著處
活陥黄泉

この二つの遺偈を比較すると、七句のうち傍線で示した四句（おのおのの享年を述べた第一句を含める）が同じです。ただし、順番が入れ替わっている箇所があります。

実は、道元の遺偈の解釈はまちまちのようです。特に、「照第一天」「渾身無著處」「活陥黄泉」が問題です。しかし、如浄の遺偈と比較すると明らかになる点があります。やや煩雑になりますが、まず如浄の遺偈から、書下しと現代語訳を試みてみましょう。

〈如浄の遺偈の書下しと現代語訳〉

六十六年（六十六年の生涯）
罪犯弥天《み》（空を覆うほど多くの罪を犯す）
箇の跨跳《ぼっちょう》を打し（箇裏〔この世〕を飛び越え）
黄泉《こうせん》に活陥《かつかん》す（活きたまま冥土に落つ）
咦《い》
従来の生死（これまでのような生死流転に）
相《あ》い干《かん》せず（かかわることはもはやない）

咦《い》は感嘆や驚異の気持ちを表す言葉とされ、「ああ」「おお」あるいは「わははは」などと訳されていますが、偈の意味という点では重要ではないので　敢えて訳さず、そのままにしておきたいと思います。

問題は「箇の勃跳を打し」と「黄泉に活陥す」でしょう。前者については、「箇」は「箇裏」で次に出てくる黄泉に対するこの世のこと、「勃跳」とは飛び越えること、「打す」は成就すること、つまり「箇の勃跳を打し」は「この世を飛び越えて」と訳すことができます。

後者については、「活陥」の反対は「死陥」、つまり「死んで冥土に落ちる」でしょう。通常、冥土は死んで行くところです。しかし、そうではない、「活陥」つまり「活きたまま冥土に落ちる」あるいは「活きたまますでに冥土に落ちている」というのです。ここには矛盾あるいは飛躍があります。

飛躍とは死陥の世界から次元の異なる活陥の世界に移行するということです。死陥の世界は生と死が分かれ対立している通常の世界です。それに対して活陥の世界は生と死が分かれず一つになっている世界です。

しかし、それは通常の世界と対立して別にあるのではありません。通常の世界とともに在る、あるいはそれを背後から支えている、冥土的霊的世界です。私たちは既にみなその世界の住人なのですが、冥土に死陥するまで気がつかないだけです。

しかし、ひとたび気がつけば、つまり霊的世界の住人であることを自覚すれば「従来の生死、相《あ》い干《かん》せず」つまり「もはや身心の生死流転にかかわることはない」というわけです。

以上のような如浄の遺偈を踏まえて、道元の遺偈についても書下しと現代語訳に挑戦してみましょう。

〈道元の遺偈の書下しと現代語訳〉

五十四年（五十四年の生涯）
第一天を照らす（一途に仏法を求め）
箇の勃跳を打し（箇裏〔この世〕を飛び越え）
大千を触破す（大千世界を突き破った）
　咦《い》
渾身著《もと》むるに処無し（もはや私を探しても見つかりはしない）
活きながら黄泉に落つ（活きたまま冥土に落つ）

「第一天を照らす」という書下しについては見解がほぼ一致しているものの、その解釈については「天の最高位を知ることができた」「欲界の第一天（初禅天）を照らし出した」「ひとすじに仏法を求め」「正伝の仏法をあらゆる世界に説き尽くし」など様々のようです（2）。

そこで、如浄の遺偈と対比すると、「第一天を照らす」は如浄の「罪犯弥天」に対応していると考えられます。如浄は自らの求道の生涯における「罪犯」つまり貪（貪欲）・瞋（憎悪）・痴（迷妄）の三毒などのために身口意の三業によって犯した罪の多いことを語っていますので、ここでは道元もまた求道の結果や成果ではなく、「ひとすじに」あるいは「一途に」仏法を求めた自らの姿を振り返っているものとみられます。そこで「一途に仏法を求め」と訳した次第です。

ただし、すぐ後で「四禅比丘」巻に触れて述べるように、別の解釈も考えられます。しかし、いずれにしてもこの句は遺偈の趣旨という点ではそれほど影響しないので、とりあえずこの程度にして先に進みたいと思います。

次の「箇の勃跳を打し」は、言葉も句の順番も如浄の偈と同じです。ただし、次に来る句が異なっています。如浄の場合は「黄泉に活陥す」であり、道元の場合は「大千を触破す」です。

先に見たように、如浄においては「箇」と「黄泉」が対応しており、「箇」は「この世」と訳すことができます。他方、道元においては「箇」に対応するのは「大千」です。大千（三千大千世界）とは一仏の教化する範囲（一仏世界）とされ、衆生が生死流転する世界全体を指していると考えられます。

したがって、如浄の偈を踏まえると、道元の第三句と四句は「箇裏〔この世〕を飛び越え」、「(生死流転の) 大千世界を突き破った」と訳すことができそうです。
「渾身無著處(渾身著《もと》むるに処無し)」については異本によって違いが見られます。「渾身無著處」の他に「渾身無覓」「渾身無処覓」などがあり、その書下しと訳にも大小の差があるようです。例えば、「渾身、覓《もと》むるなし」「渾身覓むるなく」といった書下しと「体全体、置き所に拘ることもない」「からだ全体、なんの囚われもない」「もう何も求めることはない」「もはや何も求めるものもなく」「この身はどこをとっても、行き処を捜すなどということはなく」といった訳が見られます(3)。

まず、如浄の偈と比較してみましょう。この句に対応しているのは「従来の生死、相《あ》い干《かん》せず」と考えられます。道元も如浄と同じことを述べているとすると、「もはや転生を求めることはない」と訳すことができそうです。なぜなら、「活きながら黄泉に落つ」つまりこの世とあの世を流転する生死の世界を突破してしまったからです。

しかし、道元は如浄の表現を一歩先に進めたと考えることもできそうです。その場合、まず問題になるのは「渾身」の意味です。それは「からだ(体)全体」「この身」といった言葉では示すことができないものかもしれません。なぜなら、それは既に「箇裏(この世)」を飛び越え」、「(生死流転の) 大千世界を突き破った」、「活きながら黄泉に落つ」、この体や身心を超えた、いわば霊的存在であるからです。ですから、この世の目(肉眼)で私（道元）を探しても見つからないというのです。私の渾身つまり全体は、この世にいながら既にあの世にもいるような霊的存在なのですから。

したがって、如浄の「従来の生死、相《あ》い干《かん》せず」も、必ずしも、もはや生死流転に陥ることはない、という意味ではなく、生死流転を含むさらに広い世界の住人になったということではないでしょうか。

また、この世にいながらあの世の住人でもあるとか、この世の肉眼で探しても見つからないとかいったことは、如浄や道元だからこそ成し得た特別なことというわけではありません。私たちは誰もが本来そのような世界に存在しているということを忘れてはならないでしょう。

以上、如浄と道元の遺偈を相互補完的にみてきました。このような生死（輪廻）を脱却した立場は、道元が『天童如浄禅師続語録』に追補した文の中にも、「如浄禅師は次のように説示なされた。老僧《わたし》が近頃の師僧を見てみると、皆な自己本来の面目を覚《さと》らずに、名利を誇って少しも大安心していない。そこで雲水《おまえ》たちに勧めるのは、夫々あるがままに、夫々玄妙であることじゃ。もしそうでなかったら、お前たちは皆な生死輪廻の縁を免れられないだろう。ちょっと言ってみよ、生死の縁を離れる一句とはどんな句じゃ」（蔭木２７２）として示されています。

遺偈だからといって、それまでと違う特別な境涯が述べられているわけではありません。例えば、道元の立宗宣言ともいわれる『弁道話』には「生死はすなはち涅槃なりと覚了すべし」とあります(4)。この「生死(は)すなはち涅槃」こそが「活陥」の世界と考えられます。

それは「浄土(あの世)や穢土(この世)というのは、夢の中の妄想であって、仏道を得た者が、どうして穢土を捨てて浄土を慕おうや」(『永平広録』「法語1」)という世界です(5)。

「四禅比丘」巻には「孔子や老子などは、いまだ現世のうちの前後をも知らないのであるから、むろん宿世《すくせ》(過去の世)のことも知らない。ましてや一劫のことを知るはずはない。ましていわんや百劫千劫のことを知るはずはなく、八万の大劫を知るはずもなく、また無量の劫を知るはずもない。その無量の劫をあきらかに照らしだして、掌《たなごころ》を見るよりもあきらかに知りたまうのは、もろもろの仏と菩薩であって、それをもって孔子や老子などに比せんとするのは、愚昧というもなお足らざるところである」とあります。遺偈の「第一天を照らす」はこの「無量の劫をあきらかに照らし出して、掌を見るよりもあきらかに知りたまう」と関連付けて、道元が到達した境地として解釈することもできるかもしれません。

さて、そのような立場に立つ如浄・道元が主眼を置いていたのは、「衆生を安らかにしようと、この世に現われた」（『如浄禅師語録』蔭木236）とはいえ、「釣り糸を垂れて、勝れた雲水を釣り上げ」（同153）ることです。

しかしそれでは、「頭出頭没《ずしゅつずぼつ》（生死の海に溺れている）」（『永平広録』「法語2」）の一般の衆生は藁であれ蜘蛛の糸であれ縋りつくほか術がありません。

この点については、『弁道話』にも「坐禅弁道して仏祖の大道に証入す。ただこれ、こころざしのありなしによるべし、身の在家出家にはかかはらじ」とあるではないか、という反論があるかもしれません。確かにそのとおりであり、別所(6)でも若干検討しましたが、道元の立場にはある種の変遷が見られます。しかし、本論の趣旨は道元の研究ではなく、一般の現代人として道元から何を学ぶべきかという点にありますので、この問題にはこれ以上触れません。その代わり、一般の人々を対象として説いたシュタイナーを参照することで、一般の現代人による道元禅の探究に役立てたいと思います。

## 二　シュタイナーの糸

如浄・道元の垂らす糸が主として勝れた雲水を釣り上げるためのものであったとすれば、ルドルフ・シュタイナーの糸はまさしく頭出頭没の衆生のためのものでした。

シュタイナーはヨーロッパのキリスト教神秘主義の伝統に連なる思想家ですが、それだけでなく教育・医療・農業・建築・芸術など多岐にわたって実践的に取り組んだ人物でもあります。

一般のキリスト教と神秘主義との違いの一つはいわば悟りを追求するか否かにあり、その点神秘主義は一般のキリスト教よりもむしろ仏教に通じる面があると思われます。

浄土真宗については別所でも論じたようにキリスト教（特に新教）との類似性が指摘されることがありますが、禅の鈴木大拙が真宗に深い関心と理解を示し、いわば妙好人を再発見したことにも顕れているように、真宗もやはり禅と同じく悟りを求めるという点で一般のキリスト教とは異なると言えるのではないでしょうか(7)。その場合、自力か他力かという問題については、妙好人・浅原才一が述べたような「他力、自力はありません、ただいただくばかり」という世界が現成しているものと思われます(8)。

さらに禅については坐るのに信仰を問わないという特徴が見られます。キリスト教の聖職者や信者のなかにも坐禅をする人がたくさんいるとのことで、門脇佳吉神父や押田成人神父のように深く禅に通じ自ら坐禅の指導を行う人さえいます。

その点、シュタイナーの思想は禅に似ています。シュタイナーが創始した人智学（精神科学・霊学）は何らかの新しい宗教を提示しようとするものではなく、かえってどの宗教とも矛盾せず、それぞれの宗教が伝える叡智や真理あるいは生命の秘密を深く理解しようとするものです(9)。その意味でシュタイナーの糸はあらゆる人の前にあると言えるでしょう。

## 三　超感覚的世界と身心脱落

シュタイナーは、超感覚的世界というもう一つの世界を洞察することによってのみ、人間は生活の価値や意味が見出せるのであり、人生の意味に関する最も重要な疑問に答えるには超感覚的世界に通じることが不可欠だと述べています(10)。

超感覚的世界と聞くと不審に思って、警戒したり、拒絶したりする方がおられるかもしれません。確かにそれは今日一般的ないわゆる科学的世界ではありません。しかし、道元の身心脱落の世界が超感覚的世界であることは、例えば『普勧坐禅儀』の「(坐禅の力は)理知とか感覚とかいう以前のものである」や『永平広録』「結夏の小参」の「見たり聞いたりという知覚を超絶すれば、目の前のすべてのものが真実のすがたをあらわさないということはない」(11)からも明らかです。

また、シュタイナーは超感覚的世界と霊界という言葉を同じ意味で使いますが、霊という言葉は如浄も道元も使っています。例えば、霊・霊霊・霊光(『如浄禅師語録』蔭木141・233・237)、霊根(『永平広録』「冬至の小参」)などです。如浄・道元の場合もシュタイナーの場合も、霊は超感覚的な本質を指していると考えられます。ただし、道元は『弁道話』にみられるように外道批判の脈絡で「霊知」や「霊性」を使うときもあります。

鈴木大拙は「がんらい宗教なるものは、それに対する意識の喚起せられざる限り、なんだかわからぬものなのである」「霊性を宗教意識と言ってよい。ただ宗教と言うと、普通一般には誤解を生じ易いのである。……或いは宗教を迷信の又の名のように考えたり、或いは宗教でもなんでもないものを宗教的信仰で裏付けようとしたりしている。それで宗教意識と言わずに霊性と言うのである」と述べています(12)。この大拙の言う宗教意識ないし霊性の喚起とは、「自己と客観界の間に、何らの罅隙《かげき》もできず、したがって軋轢を生ずることのない心境」とも言えるでしょう(13)。

大拙はその「心境」あるいは「境涯」「境地」という言葉を英訳するのに、ステート・オヴ・マインドやメンタル・アチチュードなどではどうもうまくあてはまらない気がして適当な訳語が見つからないと述べていますが、ステート・オヴ・コンシャスネスすなわち「意識の状態」と訳してもよいのではないでしょうか。なぜなら、問われているのは宗教意識と呼ばれる特別な意識状態の覚醒であるからです。

この点に関して、キリスト教徒でありながら禅だけでなく仏教に広く通じ、さらには世界の様々な宗教家と深い交流をもった押田成人神父の次のような体験が理解の深化に役立つと思われます。それは接心会（道場に一定期間こもって坐禅の修行を集中して行うもの）に参加した時に、五日目くらいから表に出た時の景色がそれまでと違って、雨で洗われた後のように美しく透明になったが、断食をしてお題目を唱える行に参加した時にも二日目くらいから同じような状態になった、というものです⑭。

これは通常の意識の世界での出来事ではありません。「断食していて断食を忘れて」いるような状態の時に「存在が透明になっていることがあとでわかる」、そのような出来事です。大拙のいう「自己と客観界の間に、何らの罅隙《かげき》もできず」という状態と重なるものが感じられます。その場合、意識が朦朧としたり、失われたりしているわけでは決してありません。日常的な意識とは異なる宗教意識ないし霊性が覚醒し明々と働いているのです。

如浄・道元の只管打坐に目を向けるとさらに別の側面が見えてきます。興味深いのは、「如浄禅師は僧堂にお入りになり、（坐禅をしている）雲水が居眠りをしているのを懲《こら》しめて仰せになった。『そもそも参禅とは身心脱落なのだ。ひたすら眠りを貪るとは何事じゃ。』道元《わたし》はこのお言葉を聞いて、からっと悟り」（『如浄禅師語録』蔭木２７０）という道元が大悟したときの経緯であり、また如浄が「まず第一に居眠りを厳しく禁じ／ひたすら猛烈な只管打坐を専らにする／忽然と漆桶の如き妄想を打破すると／からっとして雲なき秋空の境地になる／背中めがけて棒を喰わせ胸板を拳で叩き／昼も夜も少しでも眠らせない／

（そうすれば）虚空に落ちて（妄想、言語分別は）消え、更にまた消えうせ／威音王仏（無限の過去に出現した最初の如来）以前の本来の自己となる」（同42）と述べていることです。

特に注目すべきは悟り、あるいは本来の自己の現成と睡眠との関係です。人は昼も夜も只管打坐して、しかも居眠りを禁じられると、通常の身心が脱落し、本来の自己が出現するというのです。つまり、如浄の只管打坐は、睡眠を厳しく制限することによって、眠ると消えてしまう通常のいわば感覚的自己（意識）とは別の、肉体が眠っても消えない、あるいは肉体が眠ると目覚める超感覚的自己（意識）の開発を目指すものと言えるのではないでしょうか。

そのような超感覚的意識の開発はシュタイナーの言う霊界（超感覚的世界）参入に当たると思われます。その霊界は人が死後に赴く世界でもありますから、霊界参入はまさに「活陥（落）黄泉」です。

シュタイナーによれば霊界参入の、あるいはそれによって得られる知識を理解するための第一条件は魂の完全な平穏であり、物質的・外的生活への関心を全て無くすことですが(15)、それこそ只管打坐の意味であり、如浄は居眠りを禁じることによってその徹底を図ったものと考えられます。

この点についてくれぐれも誤解しないでいただきたいのは、如浄が弟子たちを「昼も夜も少しでも眠らせない」で「ひたすら猛烈な只管打坐を専らにする」よう指導したのは、それによって朦朧とした意識を引き起こすためなどでは全くないということです。只管打坐して居眠りをしないのは、意識をはっきりと保ち「漆桶の如き妄想を打破する」ためです。その「妄想」は感覚的な世界や意識に由来するものであり、妄想を打破するということは通常の感覚的意識を打破するということです。

また、シュタイナーのいう霊界は人が眠っている間に訪れる世界でもあります。ここでもまた不審に思う方がおられるかもしれませんが、夢に注目すると多少とも納得が得られるかもしれません。仏教の伝統にも夢告ということがあります。

道元の場合も、例えば『正法眼蔵』「嗣書」巻には道元自身の体験談が二つほど出てきます。一つだけ挙げますと、それは「道元、台山より天童にかへる路程に、大梅山護聖寺の旦過《たんが》（宿舎）に宿するに、大梅祖師きたり、開華せる一枝の梅花をさづくる霊夢を感ず。……その一枝華の縦横は、壱尺余なり。梅花あに優曇華《うどんげ》にあらざらんや。夢中と覚中と、おなじく真実なるべし」というものです。このような夢告が起きる世界がシュタイナーのいう霊界と言えるでしょう。

しかし、身心一如という立場からすと、人が死後に、あるいは眠っている間に訪れる世界という考え方には疑問が残ると思われます。道元も「身心一如のむねは、仏法のつねの談ずるところなり。しかあるに、なんぞこの身の生滅せんとき、心ひとり身をはなれて生滅せざらん」（『弁道話』）と述べています。道元は輪廻も夢告も語りながら、肉体を離れて輪廻するもの、あるいは眠っているときに肉体を離れて神仏の世界に赴くものを認めないという矛盾に陥っているように見えます。

次はこの問題に目を向けてみたいと思います。

## 四　超感覚的世界と輪廻

他所(16)で少し詳しく論じたように、道元は驚くほど頻繁に輪廻に言及しています。しかも道元は、今日ありがちなように輪廻を心理的現象として捉えるのではなく、インドで発達した古来の輪廻観によっていると思われます。しかし、伝統的な無我の立場、身心一如の立場をとるために、道元の輪廻観には無理や矛盾が生じているように見えます。シュタイナーの立場との違いも輪廻をめぐって明らかになります。

如浄や道元は輪廻を離れ、シュタイナーは輪廻に留まります。如浄・道元の場合、冒頭に挙げた辞世の偈の「活陥（落）黄泉」は輪廻（生死）の脱却と直結しています。輪廻の過程としてのこの世の生活も死後の生活も、共に離れるべきものであって、本来積極的に取り組むべき対象ではありません。「三界《さんがい》〔欲界・色界・無色界からなる人が生死流転する迷いの世界」、あたかも水上の萍《うきくさ》の如し」であり、「浄土穢土は夢裏《ぼうり》（夢の中の妄想）の去来なり、覚者いずぐんぞ慕わん」です(17)。

ただし、シュタイナーによればこのような立場は如浄・道元に特有のものではありません。それは仏教一般の特徴であり、霊界に上ろうとする人に物資界への執着を断ち切ることを求めるものの、霊界の実態については何も具体的に示さない、さらには、そのような霊界に対するいわば抽象的な捉え方は、仏教に特有のものというよりキリスト以前の古代ギリシアにも見られる時代的特徴だというのがシュタイナーの見解です。

これに対し、先に挙げた「生死はすなはち涅槃なりと覚了すべし」（『弁道話』）など、道元は方々で同じ趣旨のことを述べており、かえって生死輪廻を積極的・具体的に捉えているのではないか、という反論があるかもしれません。しかし、例えば「ただ生死すなはち涅槃とこころえて、生死としていとふべきもなく、涅槃としてねがふべきもなし。このときはじめて生死をはなるる分あり」（『正法眼蔵』「生死」）とあるように、生死を離れることに力点が置かれていることは明らかです。そして、それはまたある意味で仏教として当然のことでもあります。

しかし、シュタイナーが指摘している問題は、先に挙げた道元の孔子・老子批判で言うなら、宿世（過去世）を知らないことよりも、いわゆる中有（死んでから次の生を受けるまでの間）の世界を具体的に語らないことのほうが問題なのです。なぜなら、先にみたように、人が死後に赴く、また誕生する前にいた、中有という超感覚的世界のことを知らなければ、この世の人生の価値や意味が分からないからです。

道元も中有ないし中陰について語らないわけではありません(18)。しかし、それはあくまで経典によるのであって、実際に道元がこの世の出来事と同じように具体的に体験しているわけではありません。

シュタイナーがいう具体的とは実際に見たり聞いたりするということです。この世界を見るには肉眼が要るように、霊界を見るには霊眼が必要です。霊眼の開眼が霊界参入です。そして、そのための第一の条件は、前項で如浄・道元の只管打坐に関連して見たように、魂の完全な平穏であり、物質的・外的生活への関心を全て無くすことです。

霊眼などと言うとまた如何《いかが》わしいと感じる方がおられるかもしれません。そこで非力ながら多少とも説明をしてみたいと思いますが、例えば大拙は「禅者は抽象的な表現をせぬ、また抽象的な事もいわぬ。拄杖《しゅじょう》〔僧が携える杖〕はそのまま拄杖で、これは絶対を示唆するのだとか、真実そのものの代弁だとかいわぬ。拄杖が拄杖のままで絶対実在である。拄杖を拄杖と見て居る人がかえって抽象的な見方をして居るのである。禅者は自分と拄杖を二つのものと見ない」と述べています(19)。

この場合、「拄杖を拄杖と見て居る人」が肉眼で見ている一般の私たちを指すことに問題はないでしょう。それに対して、「拄杖が拄杖のままで絶対実在である」と見る眼、「自分と拄杖を二つのものと見ない」眼が肉眼とは別にあります。

このもう一つの眼がシュタイナーのいう霊眼に相当すると言えそうです。それは肉眼と同じように、具体的に見えるから見えると言うだけで、「抽象的な表現」をしない眼です。拄杖に「絶対実在」を見るということは、蓱のようなこの世界とは違う、自分と拄杖が二つに別れる前の本来の「絶対実在」の世界に入るということであり、その絶対実在の世界がシュタイナーのいう霊界に相当すると一応言えそうです。

しかし、大拙の立場とシュタイナーの立場には重要な違いがあります。それは次のような逸話に顕れています(20)。心霊学の大家と言われる人が最晩年の大拙に死後の世界のことを実話的に色々話して聞かせていたが、大拙が一向に関心を示さないのでその理由を尋ねると、「それより、今ここにいることはどういうことかいな。死んでからでは遅くはないか」と独り言のように答えたというのです。

他方、先に見たように、シュタイナーの立場は、霊界を洞察することによってのみこの世の生活の価値や意味が見出せるのであり、人生の意味に関する最も重要な疑問に答えるには霊界に通じなくてはならない、というものです(21)。

二人の立場の違いは霊界のどこに注目するかにあると思われます。大雑把な捉え方をすれば、シュタイナーの関心はこの世とあの世（霊界）との関係にあり、大拙の関心はあくまでも「今ここ」にあると言えるのではないでしょうか(22)。

大拙と道元の立場を比べると、シュタイナーが指摘する「霊界に上ろうとする人に物資界への執着を断ち切ることを求めるものの、霊界の実態については何も具体的に示さない」という仏教に共通する特徴がよりはっきり認められるのは道元です。大拙には現世あるいはこの社会を積極的に肯定する姿勢がより強く顕れており、それが真宗の妙好人に対する強い関心と深い理解につながっているような印象を受けますが、この点については機会があれば改めて検討してみたいと思います。

次は、道元や大拙だけでなく仏教一般に当てはまることとして、具体的に示すことがないとシュタイナーがいう霊界（死後の世界）の実態に目を向けてみたいと思います。

## 五　死後の世界

シュタイナーによれば人間は変化する存在、進化すべき存在です。それはこの世だけでなく死後の世界にも当てはまります。ここではほんの部分的表面的な考察しかできませんが、シュタイナーが語る死後の世界は空間的に捉えると次のようなものです。――人は死んで肉体を離れると、その意識は地球を中心とした月の軌道に至る領域に広がって行く。月の領域を通過すると、水星の領域、金星の領域、太陽の領域、火星の領域、木星の領域、土星の領域へと、つまり天動説が語る惑星空間に広がって行き、それを越えると意識が薄れるが、そのような過程を通じてカルマ（業）と調和するかたちで宇宙の力を取り込むと、やがて収縮が始まり、地上の胚と結び付き、誕生へと至る。

これは時代錯誤の荒唐無稽なおとぎ話、奇怪な妄想で到底受け入れ難いと感じられた方も多いのではないでしょうか。しかし、ここでは詳しく紹介する余裕はありませんが、シュタイナーはそれを百も承知の上で、ホーマー、ダンテ、ミケランジェロ、ゲーテ、ベートーベン、ワーグナー、ブルックナー等々、彼のいう真の芸術家の作品や神話の中に死後の世界ないし霊界に関する彼の認識との一致を見出しているのです。

カントの〈自分の心を特別高揚させる二つのものがある。それは頭上の星空と内なる道徳法則である〉（『実践理性批判』第二部「結論」）という言葉についても、それはそれらの二つが結局同じものであり、人は死後宇宙空間に広がり、星空を自分の中に取り入れることで、魂の中に道徳法則として星空の鏡像を担っているからだとシュタイナーは説明しています。

このような解釈には道元の「仏道をならふといふは、自己をならふ也。自己をならふといふは、自己をわするるなり。自己をわするるといふは、万法に証せらるるなり。万法に証せらるるといふは、自己の身心および他己の身心をして脱落せしむるなり」（『正法眼蔵』「現成公案」）にも通じるものがあるのではないでしょうか。

それでもなかなか納得できないかもしれません。そのような方々のご理解に資することを願って、敢えて私の拙い坐禅体験を披露させて頂きます。

私は二十歳の頃からこれまで細々と坐禅を続けてきましたが、その間に何度か次のような経験をしたことがあります。それは室内で坐っているときのことで、例えば突然どこかで大きな音がすると、普段なら身体がびくっと反応するはずなのに、全く驚かないのです。意識が冴え渡っていて、非常に冷静で、どのあたりで何が起こったかを瞬時に察知し、何かことがあればすぐに対応できるような状態です。まるでそれが自分の中で起こったことのような、音が自分の中から聞こえたような、あるいはその音が発生したところを超えて自分が拡張したかのような感じなのです。特定の所から見ているというのではなく、まさに自分が周囲全体に球状に拡大したという感覚です。

このような経験について今まで人に話したことはありません。いったい何が起きたのか長いあいだ謎でした。心理学の本などもかじってみましたが納得できませんでした、いまご紹介したようなシュタイナーの説明に出合うまでは。私の経験はシュタイナーが語る内容と比べると極めて小規模ですが、それでも長年の謎が解けたと感じています。

以上、拙い経験ですが少しはお役に立てたでしょうか。あるいは、同じような経験をされた方が少なからずおられるのではないでしょうか。

次に、今回どうしても触れておきたかった問題に移りたいと思います。それは、いま生きている私たちと故人との関係です。

## 六　生者と死者

輪廻はいわば個人に焦点を当てた見方ですが、地上の社会と同じように、死者の社会、そして生者と死者から成る社会にも目を向けることができます。

シュタイナーによれば、死者は月の領域を通過して水星領域に入ると、家族など生前親しかった人たちと再び出会います。しかし、道徳性を養わなかった人は彼らとも高次の存在たちとも交流することができず、いわば孤独な隠遁生活を強いられます。金星領域に入ると、今度は同じようにして生前の宗教生活がその人の社交性を左右します。太陽領域では、その人の宗教生活が民族的地域的あるいは利己的なものであったか、真に世界的人類的なものであったかが問題になります。

この場合、他の人や高次の存在と交流できるのは、いわば同じ世界に住んでいるからだと考えられます。これは無数の死者が同じ宇宙空間を満たしながら僅かな例外を除いて互いに全く出会わない理由でもあります。それは地上の人間と故人との関係にも当てはまります。つまり、私たちが故人と同じ世界に入ると故人との交流が可能になります。

この点に関連してシュタイナーが取り上げているのが、特に月の領域に滞在中の故人に対する読み聞かせの効用です。月の領域は生前の願望を清算するカマロカ（欲界）期に当たりますが、生前の潜在的願望が顕《あらわ》になり、例えば霊学に反発していた人も死後この領域に入るとそれを熱心に求めるようになるので、それに応える手段として霊的な書物の読み聞かせが有効だというのです。

この読み聞かせを録音で代用することはできないでしょう。なぜなら、故人が理解するのは基本的に地上の言葉ではなく霊的な思考であり、読み聞かせをする人は単に読むのではなく、その内容を自らの内に活き活きと蘇らせ、故人と同じ世界に入らなくてはならないと考えられるからです。

霊的思考の好例が道元の思惟だと思われます。『正法眼蔵』「三十七品菩提分法」には「古仏いはく、『思量箇不思量底（この不思量底を思量す）、不思量底如何思量（不思量底いかんが思量せん）。非思量《ひしりょう》』これ正思量・正思惟なり。破蒲団《はふとん》、これ正思惟なり」とあります。それは「破蒲団（只管打坐）」の思惟であり、「活陥黄泉」「身心脱落」の思惟です。

特に注目したいのは、この引用箇所に先立つ次のような道元の説明です。「正思惟道支、すなわち、正しい思惟の実践という徳目であるが、この思惟をなす時には、十方の仏たちがみな現われてくるという。だからして、これを翻していえば、十方が現じ、諸仏が現れてくる時は、とりもなおさず、まさしくこの思惟をなしている時なのである。だから、また、この思惟をいとなんでいる時、それは自己でも、他者でもないとしなければならない。」

正しい思惟とは自他を超えたものであり、諸仏の世界への参入である、というのですが、これは第一章の三で触れたようにシュタイナーの立場と符合していると思われます。

そして、シュタイナーによれば、霊的思考を行うことができるのは地上の人間だけであり（この意味においては、先にみた大拙の「死んでからでは遅くはないか」という言葉が当てはまります。ただし、この場合に留意すべきは、「今ここ」を追究して行くと地上生活と死後の生活とが一つになった世界に至る、ということだと思われます）、その思考内容が死者や高次の存在のいわば栄養源です。ここに人間の地上生活の意味があり、その好例が、地上の人間のみならず死者や高次の存在をも教え導く菩薩です。このような理解を踏まえると、如浄・道元がしばしば言及する人天（人間と天人）の世界もより具体的・現実的なものになると思われます。

また、生者と死者が同じ世界にいるということは、生者から死者への働きかけだけでなく、死者から生者への働きかけもあるということですが、この点も含め、生者と死者の関係についても改めてもっと詳しく論じてみたいと思います(23)。

最後に、もう一度道元に戻り、この拙い急ぎ足の試みを結びたいと思います。

## 七　天童却って道元に瞞《あざ》むかる

これは道元の天童和尚忌の上堂（寛元四年七月十七日）の言葉です。「師の天童和尚こそが、私道元に欺かれて真の仏法を教え示してくれたのである」(24)という世界は、道元が優れていたから出現した特殊な世界というよりも、〈却って道元が欺かれて衆生に仏法を教え示す〉とも言える世界の出現だと思われます。

この点、興味深いことに、シュタイナーによれば、人の誕生には自分の父母となるべき男女を選び、父母として育て、生まれてくる、という側面があるとのことです。

つまり、この道元の言葉の背後には、如浄が道元に何を教え示すかは道元自身にかかっているのであり、同じように道元あるいはシュタイナーが私たちに何を教え示すかは私たち自身の問題である、さらには自分に起きることは全て自分の責任である、という世界が広がっているのではないでしょうか。

## ［第七章の注］

（1）蔭木英雄『凡俗による如浄禅師語録全評釈』（大法輪閣）『229』および石龍木童訳註『現代語訳　建撕記図会』（国書刊行会）四四五〜四四六頁などによる。以下、『如浄禅師語録』は蔭木による。

（2）金沢市図書館作成のレファランス協同データベース・レファレンス事例詳細（管理番号：玉川—000264／二〇一四年九月二三日作成・二〇一六年三月二九日登録・二〇二二年三月二一日更新）参照。

（3）同前。

（4）以下、道元の引用は特記しない限り増谷文雄『現代語訳　正法眼蔵』（角川書店）による。

（5）大谷哲夫全訳注『道元「小参・法語・普勧坐禅儀」』（講談社学術文庫）による。

（6）本書第二章および拙著『道元とシュタイナー』（水声社）第Ⅱ章参照。

（7）拙著『「歎異抄」が問いかけるもの——シュタイナーの視点から』（イザラ書房）5頁および第四章「1　親鸞の阿弥陀仏」の「キリスト教との比較」参照。

（8）拙著『妙好人とシュタイナー』（大法輪閣）一二八頁参照。

（9）ルドルフ・シュタイナー『シュタイナー　黙示録的な現代——信仰・愛・希望』（西川隆範編訳・風濤社）所収「黙示録へのプロローグ」参照。

(10)ルドルフ・シュタイナー『神智学』(高橋巖訳・ちくま学芸文庫)「第三版のまえがき」および『神秘学概論』(同)「四版のまえがき」参照。
(11)大谷哲夫全訳注『道元「小参・法語・普勧坐禅儀」』(講談社学術文庫)による。
(12)鈴木大拙『日本的霊性』(岩波文庫)「緒言」。
(13)鈴木大拙著・上田閑照編『新編　東洋的な見方』(岩波文庫)「東洋『哲学』について」。
(14)押田成人『遠いまなざし』(地湧社)二〇二～二〇三頁参照。
(15)例えば、一九一二年一〇月二六日のミラノ講演参照。以下、特記しない限りシュタイナー全集第一四〇巻『死と再誕との間の生活に関する神秘学的探究』(一部を除き未邦訳)による。
(16)拙著『道元とシュタイナー』第Ⅲ章。
(17)大谷哲夫全訳註『道元「小参・法語・普勧坐禅儀」』「除夜の小参16」および「法語1」。
(18)例えば、『正法眼蔵』「四禅比丘」「袈裟功徳」「道心」参照。
(19)鈴木大拙著・上田閑照編『新編　東洋的な見方』「禅と漢文学」。
(20)同前、上田閑照による「鈴木大拙における『東洋的な見方』」による。
(21)なお、一般的に言えばシュタイナーは心霊学に批判的ですが、この問題はここでは割愛します。
(22)なお、誤解を招かないように付記しますと、シュタイナーの立場は二元論ではなく一元論です。この問題については『滝沢克己からルドルフ・シュタイナーへ』（電子書籍・ホメオパシー出版）第七章の三などで取り上げましたが、ここでは割愛せざるを得ません。

(23) 拙著『輪廻を生きる・亡き人と共に生きる――シュタイナーの視点から』（電子書籍・ホメオパシー出版）は不十分ながらその一つ。

(24) 大谷哲夫『道元「永平広録・上堂」選』（講談社学術文庫）による。

# あとがき

本書は『道元とシュタイナー』（水声社・二〇一三年発行）の続編です（＊本書の電子版は二〇二二年ホメオパシー出版刊）。全七章のうち第五章と第七章は未発表のものですが、残る五章は発表済みの原稿に手を加えたもので、それぞれの初出は次の通りです。――「揺り起こされた宗教心と道元禅――シュタイナーの視点から」（『大法輪』二〇一三年四・五月号）、「『只管打坐』考――シュタイナーの視点から」（『同、二〇一四年一・二月号）、「『身心脱落』考――シュタイナーの視点から」（同、二〇一四年六・七月号）、「『脱落身心』考――シュタイナーの視点から」（同、二〇一四年九・一二月号）、「道元禅と上座部仏教」（同、二〇一五年一一・一二月号）

いまこうして「あとがき」を書く段になると、これまでお世話になった方々のことがいろいろ思い出されます。身に余るご厚情に与りながら、十分お応えできないまま、あるいは礼を欠いたまま、いつのまにか古希を迎えてしまいました。今回の出版を狭くとらえてみても様々な方々からお力添えを賜りました。

当時の『大法輪』誌編集長・黒神直也氏は拙稿に貴重なスペースを割いて下さっただけでなく、ご多忙のなか自ら丁寧な編集作業を行って下さいました。同氏に出会わなければ、このような試みを継続することはできなかったと思います。

いくつかの章ではその末尾に初出時の謝辞をそのまま残させていただきましたが、幡谷明先生、菊藤明道先生、藤本慈照（晃）先生からは過分のご教示を賜りました。浄明寺（埼玉県新座市）住職・唐子正定老子には二十代後半からご指導を賜ってきました。それがなければ本書の実現にいたる筆者の拙い歩みはなかったはずです。また、本書の出版は千書房の志子田悦郎社長との出会いがなければ実現しなかったかもしれません。そのご縁は『千年紀文学』編集人の小林孝吉先生および会員の河村義人先生のご厚意に依ります。

言葉では言い尽くせませんが、皆様方に深く感謝の意を表する次第です。

二〇二三年一〇月九日　　著者

# 主要参考文献一覧


アルボムッレ・スマナサーラ『無常の見方――「聖なる真理」と「私」の幸福』サンガ新書
アルボムッレ・スマナサーラ『死後はどうなるの？』角川文庫
アルボムッレ・スマナサーラ『無我の見方――「私」から自由になる生き方』サンガ新書
押田成人『遠いまなざし』地湧社
石井修道『道元禅師　正法眼蔵行持に学ぶ』禅文化研究所
石川力山編著『禅宗小事典』法蔵館
上田閑照編『西田幾多郎哲学論集Ⅲ』岩波文庫
上田閑照・柳田聖山編『大乗仏教〈中国・日本篇〉第二十三巻　道元』中央公論社
大久保道舟『道元禅師傳の研究』岩波書店
大谷哲夫『道元「永平広録・上堂」選』講談社学術文庫
大谷哲夫全訳注『道元「小参・法語・普勧坐禅儀」』講談社学術文庫
鏡島元隆『道元禅師語録』講談社学術文庫
蔭木英雄『凡俗による如浄禅師語録全評釈』大法輪閣
桂紹隆「インド仏教思想史における大乗仏教――無と有との対論」高崎直道監修／
桂紹隆・斎藤明・下田正弘・末木文美士編『シリーズ大乗仏教1』（春秋社）所収
門脇佳吉『「正法眼蔵」参究――道の奥義の形而上学』岩波書店

門脇佳吉『禅仏教とキリスト教神秘主義』岩波書店
唐木順三『正法眼蔵随聞記私観』筑摩書房
岸澤惟安『正法眼蔵全講』大法輪閣
玄侑宗久&アルボムッレ・スマナサーラ『仏弟子の世間話』サンガ新書
酒井得元『酒井得元老師著作集〈二〉道元禅の解明』大法輪閣
下田正弘「初期大乗仏教のあらたな理解に向けて――大乗仏教起源再考」高崎監修／
桂・斎藤・下田・末木編『シリーズ大乗仏教4』（春秋社）所収
『浄土真宗聖典　註釈版第二版』本願寺出版社
浄土真宗教学研究所編纂『顕浄土真実教行証文類（現代語版）』本願寺出版社
菅沼晃編『新装版　道元辞典』東京堂出版
鈴木大拙『日本的霊性』岩波文庫
鈴木大拙『妙好人』法蔵館
鈴木大拙著・上田閑照編『新編　東洋的な見方』岩波文庫
石龍木童訳註『現代語訳　建撕記図絵』国書刊行会
玉城康四郎編『日本の思想2　道元集』筑摩書房
塚田幸三『道元とシュタイナー』水声社
塚田幸三『「歎異抄」が問いかけるもの――シュタイナーの視点から』イザラ書房
塚田幸三『妙好人とシュタイナー』大法輪閣
塚田幸三『滝沢克己からルドルフ・シュタイナーへ――人生の意味を求めて』ホメオパシー出版

塚田幸三『輪廻を生きる・亡き人と共に生きる――シュタイナーの視点から』（電子書籍）ホメオパシー出版
中村璋八・石川力山・中村信幸全訳注『典座教訓・赴粥飯法』講談社学術文庫
西嶋和夫編『道元禅師四宝集』金沢文庫
西谷啓治『西谷啓治著作集第十一巻』創文社
西谷啓治『正法眼蔵講話一　序　弁道話　上』筑摩書房
西谷啓治『正法眼蔵講話二　弁道話下』筑摩書房
西谷啓治『ニヒリズム増補版』国際日本研究所
馬場紀寿「上座部仏教と大乗仏教」高崎監修／桂・斎藤・下田・末木編『シリーズ大乗仏教2』（春秋者）所収
増谷文雄『現代語訳　正法眼蔵』角川書店
松本章男『道元の和歌』中公新書
松本史朗『仏教への道』東書選書
水野弥穂子『現代語訳・註　道元禅師宝鏡記』大法輪閣
水野弥穂子校注『正法眼蔵』岩波文庫
水野弥穂子訳『正法眼蔵随聞記』筑摩書房
やすだひでお『すべてはひとつの命――安らぎと自由への新しい道』地湧社
ルドルフ・シュタイナー『神智学』高橋巖訳・ちくま学芸文庫
ルドルフ・シュタイナー『シュタイナーの死者の書』高橋巖訳・ちくま学芸文庫
ルドルフ・シュタイナー『シュタイナー〈からだの不思議〉を語る』西川隆範編訳／中谷三恵子監修・イザラ書房

ルドルフ・シュタイナー『いかにして超感覚的世界の認識を獲得するか』高橋巖訳・ちくま学芸文庫
ルドルフ・シュタイナー『神智学の門前にて』西川隆範訳・イザラ書房
ルドルフ・シュタイナー『ルカ福音書講義——仏陀とキリスト教』西川隆範訳・イザラ書房
ルドルフ・シュタイナー『人智学・心智学・霊智学』高橋巖訳・ちくま学芸文庫
ルドルフ・シュタイナー『自由の哲学』高橋巖訳・ちくま学芸文庫
ルドルフ・シュタイナー『シュタイナー　黙示録的な現代——信仰・愛・希望』西川隆範編訳・風濤社
ルドルフ・シュタイナー『哲学の謎』山田明紀訳・水声社
ルドルフ・シュタイナー『シュタイナー　マルコ福音書講義』西川隆範訳・アルテ
ルドルフ・シュタイナー『仏陀からキリストへ』西川隆範編訳・水声社
ルドルフ・シュタイナー『神秘学概論』ちくま学芸文庫
ルドルフ・シュタイナー全集第一四〇巻『死と再誕との間の生活に関する神秘学的探究』(一部を除き未邦訳)
渡辺章悟「大乗経典における法滅と授記の役割——般若経を中心として」
高崎監修／桂・斎藤・下田・末木編『シリーズ大乗仏教2』(春秋社)所収
渡辺章悟「般若経の形成と展開」同前『シリーズ大乗仏教4』所収

# 生と批評の宿命
## ――小林秀雄と福田恆存

伊藤述史著●上製 A5 判 248 頁定価 3000 円＋税

【批評に意識の躍動をさぐる】

小説の醍醐味はその世界に読み手の実生活とは違う人生を創り出すことにある。だが宿命的に作品も批評も生活も言葉の指示的側面にさらされる。それが専門用語やイデオロギーにまで上昇すればそれに縛られてしまう。

小林秀雄と福田恆存は批評を通して、言葉よりも身体感覚で芸術の美を伝えようとした。それを多くの人が瞬時に共に体験することで、個別の自我に分断された現代人が他者に対する意識を回復してゆく場面に、私たちは立ち会うことになる。

# エヴリンの幻影

河村義人著●上製四六判 264 頁定価 1800 円＋税

本書は、前著の『事実と虚構のはざまで』を引き継ぐ「跋渉」を含む小説群と、多数の作家論とエッセイを一冊にまとめた本である。部落差別の本質に迫ろうとする筆者の長年の営為と中国文学・漢文に精通した筆者の力量を遺憾なく発揮している。

中でも表題作となっている小説「エブリンの幻影」は、J・ジョイスの「エブリン」に想を得て、筆者の若き日を美しい影絵のように描く佳作である。本書は、虚構（小説）によって死者と過去の自分が今の自分と共にあり続けていることを強く意識し、そこに現実の人間解放の起点を見出そうとする好著である。

㈱千書房

〒 222-0011 横浜市港北区菊名 5-1-43-301

電話（045）430-4530

FAX（045）430-4533

**著者プロフィール**

**塚田幸三**

1952年生まれ。大阪府立大学農学部獣医学科卒、英国エジンバラ大学獣医学部修士課程修了。青年海外協力隊員・国際協力事業団（JICA）職員を経て40代後半から翻訳・執筆活動を始める。

著書：『妙好人とシュタイナー』（大法輪閣）、『道元とシュタイナー』（水声社）、『「歎異抄」が問いかけるもの ― シュタイナーの視点から』（イザラ書房）、『シュタイナーから読む池田晶子』（群青社）、『いのちの声を聞く』（共著）、『滝沢克己からルドルフ・シュタイナーへ ― 人生の意味を求めて』（以上、ホメオパシー出版）など。電子書籍として『道元とシュタイナー（Ⅱ）』、『輪廻を生きる・亡き人と共に生きる ― シュタイナーの視点から』、『今を生きるヒント ― 仏教とチャネリング情報に学ぶ』（以上、ホメオパシー出版）。

論文：「妙好人像の形成と現代における妙好人の意義」（菊藤明道編『妙好人研究集成』（法蔵館）所収）、仏教とシュタイナーに関する諸論文（『大法輪』誌所収）など。

訳書：J・ソーパー『シュタイナーの「農業講座」を読む』、J・ソーパー『バイオダイナミックガーデニング』、W・スヒルトイス『バイオダイナミック農法入門』、K・ケーニッヒ『動物の本質 ― ルドルフ・シュタイナーの動物進化論』、J・サクストン＆P・グレゴリー『獣医のためのホメオパシー』、C・デイ『牛のためのホメオパシー』、G・マクラウド『犬のためのホメオパシー』、G・マクラウド『猫のためのホメオパシー』（以上、ホメオパシー出版）、M・グレックラー『医療と教育を結ぶシュタイナー教育』（共訳）、M・エバンズ＆I・ロッジャー『シュタイナー医学入門』（以上、群青社）、G・カヘーテ『インディアンの環境教育』、K・ブース＆T・ダン編『衝突を超えて』（共訳）（以上、日本経済評論社）など。

**道元とシュタイナー（Ⅱ）**

2024年2月15日　初版第1刷

著　者　塚田　幸三
発行者　志子田悦郎
発行所　**株式会社 千書房**
横浜市港北区菊名5−1−43−301
TEL　045−430−4530
FAX　045−430−4533
振　替　00190-8-64628
印刷所　株式会社 プライム・オリジンズ

ISBN 978-4-7873-0066-9 C0014
©2024 Kozo Tsukada. All rights reserved. Printed in Japan